国家职业技能鉴定推荐教程
人力资源和社会保障部职业能力建设司组织审定

国家职业技能鉴定
考前冲刺与真题详解

汽车修理工

（高级）

主　编　祖国海
副主编　王小东
编　者　戴　红　珠　娜　海　洋　张树玲
　　　　杨　旭　高宏伟　隋礼辉
审　稿　刘力山

中国劳动社会保障出版社

图书在版编目(CIP)数据

汽车修理工．高级/祖国海主编．—北京：中国劳动社会保障出版社，2014
（国家职业技能鉴定考前冲刺与真题详解）
ISBN 978-7-5167-0731-9

Ⅰ．汽…　Ⅱ．①祖…　Ⅲ．①汽车-车辆修理-职业技能-鉴定-题解　Ⅳ．①U472.4-44

中国版本图书馆 CIP 数据核字(2014)第 046558 号

中国劳动社会保障出版社出版发行
（北京市惠新东街 1 号　邮政编码：100029）
*
北京市艺辉印刷有限公司印刷装订　新华书店经销
787 毫米×1092 毫米　16 开本　14 印张　272 千字
2014 年 3 月第 1 版　　2014 年 3 月第 1 次印刷
定价：28.00 元

读者服务部电话：(010) 64929211/64921644/84643933
发行部电话：(010) 64961894
出版社网址：http://www.class.com.cn

编写说明

对劳动者实行职业技能鉴定，推行国家职业资格证书制度，是促进劳动力市场建设，实现素质就业的有效措施，对于全面提高劳动者素质和职工队伍创新能力具有重要作用。国家职业技能鉴定是一项科学、客观检验劳动者专业知识与技能水平的考试活动，其方式包括理论知识考试和技能操作考核。为了使参加职业技能鉴定的广大考生对国家职业技能鉴定内容和鉴定方式有一个全面的了解，更好地复习备考，顺利通过考试，人力资源和社会保障部教材办公室组织参与国家题库开发工作的命题专家，编写了《国家职业技能鉴定考前冲刺与真题详解》和《国家职业技能鉴定技能操作考核题库解析》。其中《国家职业技能鉴定考前冲刺与真题详解》主要是理论知识考试的真题与解析；《国家职业技能鉴定操作技能考核题库解析》主要是操作技能考核的真题与解析。

《国家职业技能鉴定考前冲刺与真题详解》（以下简称《考前冲刺与真题详解》）是《国家职业资格培训教程》（以下简称《教程》）的配套辅助教材，初级（五级）、中级（四级）、高级（三级）《教程》分别对应配套编写一册《考前冲刺与真题详解》。《考前冲刺与真题详解》共包括三部分：

第一部分：理论知识考试情况简介及考核要点。此部分由五部分内容组成，包括：理论知识考试试卷生成方式、理论知识考试题型介绍、理论知识考试答题要求、理论知识考试答题时间和相应级别理论知识考核要点表。其中考核要点表反映了国家题库对该职业相应级别理论知识考试要点的具体要求，与国家职业技能鉴定要素细目表保持一致。

第二部分：理论知识考试真题详解。此部分为理论知识考试真题试卷及其解析。其对理论知识考试试卷的每道题目进行详细解析，并指出该考点在考核要点表中的相应位置，以加深考生对考点知识的理解与掌握。

第三部分：理论知识考试考前冲刺。此部分为模拟试卷，每套试卷均按考核要点表中分值分布进行组卷，除重点考题外，还加入了题库开发专家认为较为重要的新题目，对后期鉴定有着较强的指导作用。

《考前冲刺与真题详解》适用于组织开展社会化鉴定、职业院校鉴定、行业鉴定以及企业技能人才评价考前培训使用，也适用于准备参加鉴定考试的人员学习参考。

编写《考前冲刺与真题详解》有相当的难度，是一项探索性工作。由于时间仓促，缺乏经验，不足之处在所难免，欢迎各使用单位和个人提出宝贵意见和建议。

目录

第一部分　理论知识考试情况及考核要点简介

第二部分　理论知识考试真题详解

第三部分　理论知识考试考前冲刺

第一部分

理论知识考试情况及考核要点简介

理论知识考试试卷生成方式

理论知识考试题型介绍

理论知识考试答题要求

理论知识考试答题时间

高级汽车修理工理论知识考核要点表

理论知识考试试卷生成方式

理论知识考试试卷是由国家题库采用计算机自动生成，即计算机按照本职业的理论知识鉴定要素细目表的结构特征，使用统一的组卷模型，从题库中随机抽取相应试题，组成试卷。

理论知识考试题型介绍

目前，汽车修理工初级、中级、高级职业技能鉴定考试的理论知识考试采用标准化试卷，每个级别考试试卷有“选择题”“判断题”两大类题型。

1. 选择题为“四选一”单选题型，即每道题有四个选项，其中只有一个选项为正确选项。选择题共 160 题，每题 0.5 分，共 80 分。

2. 判断题为正误判断题型，共 40 题，每题 0.5 分，共 20 分。

试卷总分为 100 分。

理论知识考试答题要求

1. 采用试卷答题时，作答判断题，应根据对试题的分析判断，在括号中画“√”或“×”；作答选择题，应按要求在试题前面的括号中，填写正确选项的字母。

2. 采用答题卡答题时，按要求直接在答题卡上选择相应的答案处涂色即可。

3. 采用计算机考试时，按要求点击选定的答案即可。

具体答题要求，在考试前，考评人员会做详细说明。

理论知识考试答题时间

按《国家职业标准》要求，汽车修理工初级、中级、高级理论知识考试时间各为 120 分钟。

高级汽车修理工理论知识考核要点表

鉴定项目			鉴定内容（一级）			鉴定内容（二级）			鉴定点		
代码	名称	鉴定比重	代码	名称	鉴定比重	代码	名称	鉴定比重	代码	名称	重要程度
A	基本要求	15	A	职业道德	5	A	职业道德基础知识	3	001	职业道德的基本内涵	X
									002	职业道德的特点	X
									003	遵守职业道德的意义	X
									004	职业道德的评价方式	X
									005	职业道德基本规范	X
									006	职业素质的内容	Y
									007	职业规范意识	X
									008	职业意识	X
									009	责任意识含义	X
									010	培养职业意识要求	X
									011	诚信意识基本要求	X
						B	职业守则	2	001	遵守法律、法规的基本要求	X
									002	爱岗敬业的基本要求	X
									003	严于律己的具体体现	X
									004	坚持文明生产的基本要求	Y
									005	团队意识含义	X
									006	质量意识的要求	X
									007	劳动权的体现	X
									008	平等就业含义	X
									009	劳动纠纷解释	X
			B	基础知识	10	A	钳工基础知识	1	001	钳工常用设备	X
									002	钳工操作基础知识	X

续表

鉴定项目			鉴定内容（一级）			鉴定内容（二级）			鉴定点		
代码	名称	鉴定比重	代码	名称	鉴定比重	代码	名称	鉴定比重	代码	名称	重要程度
A	基本要求	15	B	基础知识	10	B	汽车机械基础知识	1	001	汽车常用材料的种类	X
									002	机械识图相关知识	X
									003	黄铜的主要用途	X
									004	润滑脂的使用性能	X
						C	电工电子基础知识	1	001	正弦交流电基础知识	X
									002	电路基本元件的名称与代号	X
									003	单相直流稳压电源组成	X
									004	三相桥式整流电路组成	X
						D	液压传动	1	001	液压传动基础知识	X
									002	液压传动在汽车上的应用	X
									003	液压传动系统的组成	X
									004	液压泵的种类	X
									005	液压缸的种类	X
									006	液压缸的组成	X
									007	控制阀的功用	X
									008	方向控制阀的种类	X
									009	液压辅件的组成	X
									010	冷却器的种类	X
						E	汽车维修机具的性能和使用	1	001	举升器的正确使用	X
									002	汽车维修机械拆卸、安装工具	X
						F	汽车构造	1	001	汽车的总体构造	X
									002	发动机的工作过程	X

续表

鉴定项目			鉴定内容（一级）			鉴定内容（二级）			鉴定点		
代码	名称	鉴定比重	代码	名称	鉴定比重	代码	名称	鉴定比重	代码	名称	重要程度
A	基本要求	15	B	相关知识	85	G	汽车电子设备与电子控制装置	1	001	起动机的功用与组成	X
									002	汽车电气辅助装置的功用	X
									003	起动机控制机构类型	X
									004	汽车灯具的种类	X
									005	闪光继电器的类型	X
									006	风窗洗涤装置类型	X
									007	安全气囊传感器类型	X
									008	汽车防盗装置的分类	X
									009	空调的作用	X
									010	汽车空调冷凝器类型	X
						H	安全生产与环境保护知识	1	001	汽车维修作业安全操作规程	X
									002	汽车修理环保知识	X
						I	质量管理知识	1	001	质量管理的性质与特点	X
									002	质量管理的基本方法	X
						J	相关法律法规知识	1	001	合同法相关知识	X
									002	质量管理法相关知识	X
B	相关知识	85	A	诊断与排除发动机故障	16	A	诊断与排除发动机异响	4	001	发动机异响故障的现象及原因	X
									002	电控发动机加速时怠速不稳的故障诊断与排除	X
									003	诊断与排除发动机曲轴轴承异响	X
									004	诊断与排除发动机连杆轴承异响	X

续表

鉴定项目			鉴定内容（一级）			鉴定内容（二级）			鉴定点		
代码	名称	鉴定比重	代码	名称	鉴定比重	代码	名称	鉴定比重	代码	名称	重要程度
B	相关知识	85	A	诊断与排除发动机故障	16	A	诊断与排除发动机异响	4	005	诊断与排除发动机活塞敲缸异响	X
									006	诊断与排除发动机凸轮轴异响	X
									007	诊断与排除发动机气门脚异响和气门座圈异响	Y
									008	诊断与排除发动机正时齿轮异响和点火过早异响	X
						B	诊断与排除发动机油路电路故障	4	001	发动机油路、电路故障产生的现象	X
									002	发动机油路、电路故障产生的原因	X
									003	诊断发动机起动困难的方法	X
									004	排除发动机起动困难的步骤	X
									005	诊断发动机不能起动的方法	X
									006	排除发动机不能起动的步骤	X
									007	诊断发动机动力不足的方法	X
									008	排除发动机动力不足的步骤	X
						C	诊断与排除发动机疑难故障	4	001	发动机燃油油耗超标的部位和原因	X
									002	发动机机油油耗超标的现象和原因	Y
									003	诊断与排除发动机燃油油耗超标	X
									004	诊断与排除发动机机油油耗超标	X
									005	发动机排放超标的现象	X
									006	诊断与排除发动机排放超标	X
									007	诊断与排除发动机过热故障	X
									008	诊断与排除发动机爆震故障	X
						D	诊断与排除电控发动机故障	4	001	电控发动机典型故障	X
									002	电控发动机典型故障表现现象	Y
									003	电控发动机典型故障发生原因	X
									004	诊断与排除电控发动机怠速不稳故障	X

续表

鉴定项目			鉴定内容（一级）			鉴定内容（二级）			鉴定点		
代码	名称	鉴定比重	代码	名称	鉴定比重	代码	名称	鉴定比重	代码	名称	重要程度
B	相关知识	85	A	诊断与排除发动机故障	16	D	诊断与排除电控发动机故障	4	005	诊断与排除电控发动机运转不稳故障	X
									006	诊断与排除电控发动机回火故障	X
									007	诊断与排除电控发动机放炮故障	X
									008	多气门发动机工作不稳诊断与排除	X
									009	废气涡轮增压发动机工作不良诊断与排除	X
									010	电控汽油机爆燃诊断与排除	X
									011	无“故障码”电控系统诊断与排除	X
									012	“L”型燃油系统故障诊断与排除	X
									013	发动机失速诊断与排除	X
									014	“D”型燃油系统故障诊断与排除	X
									015	电控汽车驾驶性能不良诊断与排除	X
									016	电控发动机常用诊断方法	X
									017	电控发动机故障征兆模拟实验	X
									018	电控发动机故障诊断原则	X
			B	诊断与排除汽车底盘故障	14	A	诊断与排除底盘异响	4	001	万向传动装置异响故障产生的现象和原因	X
									002	离合器异响的现象和原因	X
									003	手动变速器异响的现象和原因	X
									004	诊断与排除底盘异响操作准备	Y
									005	诊断与排除万向传动装置异响	X
									006	诊断与排除离合器异响	X
									007	诊断与排除变速器异响	X
									008	诊断与排除自动变速器故障灯报警故障	X
						B	诊断与排除轮胎故障	4	001	前轮异常磨损故障产生的现象	X
									002	前轮异常磨损故障产生的原因	X
									003	前轮摆振故障产生的现象	X
									004	前轮摆振故障产生的原因	X

续表

鉴定项目			鉴定内容（一级）			鉴定内容（二级）			鉴定点		
代码	名称	鉴定比重	代码	名称	鉴定比重	代码	名称	鉴定比重	代码	名称	重要程度
B	相关知识	85	B	诊断与排除汽车底盘故障	14	B	诊断与排除轮胎故障	4	005	前轮异常磨损故障的诊断程序	X
									006	前轮异常磨损故障的排除方法	X
									007	前轮摆振故障的诊断程序	X
									008	前轮摆振故障的排除方法	X
						C	诊断与排除汽车制动故障	6	001	制动跑偏故障表现现象	X
									002	制动跑偏故障发生原因	X
									003	制动拖滞故障表现现象	X
									004	制动拖滞故障发生原因	X
									005	制动防抱死装置失效故障表现现象	X
									006	制动防抱死装置失效故障发生原因	X
									007	制动防抱死装置失效故障处理方法	X
									008	诊断与排除汽车制动故障的操作准备	Z
									009	诊断与排除制动跑偏故障	X
									010	诊断与排除制动拖滞故障	X
									011	诊断与排除制动防抱死装置失效故障	X
									012	诊断与排除制动防抱死故障灯报警故障	Y
			C	诊断与排除汽车电气设备故障	10	A	诊断与排除汽车灯光系统故障	4	001	汽车灯光系统故障表现现象	X
									002	汽车灯光系统故障发生原因	X
									003	汽车灯光系统故障处理方法	X
									004	照明系统常见故障诊断与排除	X
									005	诊断与排除汽车灯光系统故障操作准备	Y
									006	转向灯全不亮故障的诊断与排除	X
									007	转向灯单边闪光亮度失常故障的诊断与排除	X
									008	转向灯闪光频率不正常故障的诊断与排除	X

续表

鉴定项目			鉴定内容（一级）			鉴定内容（二级）			鉴定点		
代码	名称	鉴定比重	代码	名称	鉴定比重	代码	名称	鉴定比重	代码	名称	重要程度
B	相关知识	85	C	诊断与排除汽车电气设备故障	10	B	诊断与排除汽车手动空调系统故障	6	001	手动空调系统故障表现现象	X
									002	手动空调系统故障发生原因	X
									003	手动空调系统故障处理方法	X
									004	诊断与排除汽车手动空调系统故障操作准备	Y
									005	空调系统失去制冷作用故障产生原因及排除方法	X
									006	空调系统冷空气不足故障产生原因及排除方法	X
									007	空调系统间断制冷故障产生原因及排除方法	X
									008	空调系统噪声大故障产生原因及排除方法	X
									009	空调系统供暖异常故障产生原因及排除方法	X
									010	空调系统鼓风机不转故障产生原因及排除方法	X
									011	空调系统漏水故障产生原因及排除方法	Y
									012	空调系统除霜热力不足故障产生原因及排除方法	X
			D	发动机大修	15	A	编制发动机典型零部件修理工艺卡	3	001	曲轴的热处理工艺	X
									002	曲轴修理工艺程序	X
									003	凸轮轴修理工艺程序	X
									004	气缸盖修理方法	X
									005	气缸盖修复工艺程序	X
									006	气缸体修复工艺程序	X

续表

鉴定项目 代码	鉴定项目 名称	鉴定项目 鉴定比重	鉴定内容（一级） 代码	鉴定内容（一级） 名称	鉴定内容（一级） 鉴定比重	鉴定内容（二级） 代码	鉴定内容（二级） 名称	鉴定内容（二级） 鉴定比重	鉴定点 代码	鉴定点 名称	鉴定点 重要程度
B	相关知识	85	D	发动机大修	15	B	发动机总成大修	9	001	用气缸压力表测试气缸压力的步骤	X
									002	发动机综合分析仪主要功能	X
									003	使用发动机综合分析仪操作步骤	X
									004	废气分析仪主要功能、特点	Y
									005	汽车专用示波器的操作	X
									006	机油压力表使用注意事项	Y
									007	发动机电子控制系统诊断的一般程序	X
									008	供油提前角的检查与调整	X
									009	喷油器的调校	X
									010	检测、调整发动机燃油、点火和排放系统	X
									011	气缸盖和配气机构的修理工艺	X
									012	气缸体和曲柄连杆机构的修理工艺	X
									013	润滑系的修理工艺	X
									014	冷却系的修理工艺	X
									015	气缸体组件的装配与调整	X
									016	气缸盖组件的装配与调整	X
									017	发动机总成的装配	X
									018	发动机总成的调整	X
						C	过程检验与竣工验收	3	001	气缸体与气缸盖修理的技术要求	X
									002	活塞连杆组的检验	X
									003	曲轴和轴承的检验	X
									004	凸轮轴的检验	X
									005	发动机的种类	X
									006	发动机排放检测程序	X

续表

鉴定项目 代码	鉴定项目 名称	鉴定项目 鉴定比重	鉴定内容（一级） 代码	鉴定内容（一级） 名称	鉴定内容（一级） 鉴定比重	鉴定内容（二级） 代码	鉴定内容（二级） 名称	鉴定内容（二级） 鉴定比重	鉴定点 代码	鉴定点 名称	鉴定点 重要程度
B	相关知识	85	E	汽车底盘大修	15	A	编制汽车底盘典型零部件修理工艺卡	3	001	汽车变速器修理技术条件	X
									002	编制变速器壳体修理工艺卡具体内容	X
									003	编制变速器输出轴修理工艺卡具体内容	X
									004	汽车驱动桥修理技术条件	X
									005	编制差速器壳体技术检验工艺卡具体内容	X
									006	差速器壳体修复工艺程序	X
						B	底盘总成大修	6	001	变速器壳体修理技术要求	Y
									002	转向系大修技术检验规范知识	X
									003	手动变速器的装配与调整	X
									004	自动变速器驱动桥中各总成的装配与调整	X
									005	变速驱动桥总装配	X
									006	变速驱动桥装车	X
									007	转向器的装配与调整技术要求	Y
									008	盘式制动器的装配与调整技术要求	X
									009	车轮动平衡的检测原理	X
									010	转向器的装配与调整	Y
									011	液压制动系的检修	X
									012	气压制动系的检修	X
									013	变速器装配与调整技术条件	X
									014	转向系修理内容	X
									015	悬架系统修理内容	X
									016	自动变速器装配	X
									017	自动变速器中间轴端隙检查	X
									018	自动变速器离合器检验	X

续表

鉴定项目			鉴定内容（一级）			鉴定内容（二级）			鉴定点		
代码	名称	鉴定比重	代码	名称	鉴定比重	代码	名称	鉴定比重	代码	名称	重要程度
B	相关知识	85	E	汽车底盘大修	15	B	底盘总成大修	6	019	鼓式制动器的装配与调整	X
									020	制动鼓和制动片拆装与检修	X
									021	制动踏板自由行程调整	X
									022	空气压缩机检修	X
									023	制动气室与制动臂检修	X
						C	过程检验及竣工验收	3	001	离合器修理工艺过程检验	X
									002	前桥及转向系修理工艺过程检验	X
									003	变速器修理工艺过程检验	X
									004	分动器修理工艺过程检验	X
									005	驱动桥修理工艺过程检验	X
									006	传动轴及万向节修理工艺过程检验	X
						D	汽车底盘总成竣工验收	3	001	手动变速器总成竣工验收	X
									002	车身总成竣工验收	X
									003	汽车制动性能检测项目、检测方法及有关标准	X
									004	转向桥及转向传动机构的调整验收	X
									005	驱动桥的装配验收	X
									006	汽车滑行性能检测	X
			F	汽车电气设备修理	15	A	充电系统的修理	6	001	蓄电池技术标准和要求	X
									002	免维护蓄电池的保养原则	X
									003	蓄电池的检测	X
									004	蓄电池的充电	X
									005	常见交流发电机各接线柱之间的阻值	X
									006	硅整流交流发电机的不解体检测	X
									007	硅整流交流发电机的检修	X
									008	硅整流交流发电机的试验	X

续表

鉴定项目			鉴定内容（一级）			鉴定内容（二级）			鉴定点		
代码	名称	鉴定比重	代码	名称	鉴定比重	代码	名称	鉴定比重	代码	名称	重要程度
B	相关知识	85	F	汽车电气设备修理	15	A	充电系统的修理	6	009	发电机调节器的检测与实验操作准备	Y
									010	充电系静态检测方法	X
									011	充电系动态检测方法	X
									012	万能实验台检测方法	X
						B	起动系统的修理	4	001	起动机技术标准和要求	X
									002	起动系统修理的操作准备	Y
									003	检修起动机	X
									004	使用电气万能试验台检验起动机的工作性能	X
									005	起动系线路检测技术标准和要求	X
									006	起动系线路检测注意事项	X
									007	起动系线路的组成	X
									008	起动系线路检测	X
						C	空调系统的修理	5	001	汽车空调系统的功能	X
									002	汽车空调系统的组成	X
									003	汽车暖风装置的分类	X
									004	空调装置的维修工具	X
									005	汽车空调系统的性能和诊断参数	X
									006	空调系统的修理操作准备	Y
									007	压缩机的检修	X
									008	制冷装置的检漏	X
									009	空调装置维修时的注意事项	X
									010	空调系统维修注意事项	X

注：表里“鉴定点重要程度”分为X、Y、Z三种指标，X表示“核心要素”，是鉴定点集合中最重要、考试中出现频率最高的内容；Y表示“一般要素”，是鉴定点集合中一般重要的内容；Z表示“辅助要素”，是鉴定点集合中重要程度较低的内容。

第二部分

理论知识考试真题详解

高级汽车修理工理论知识考试试卷（一）及其详解

一、单项选择题（下列答案中只有一个是正确的，请将正确答案的序号填在括号内。每题 0.5 分，总计 80 分）

1. 职业道德是指从事一定职业劳动的人们，在长期的职业活动中形成的（　　）。

A. 行为规范　　B. 操作程序　　C. 劳动技能　　D. 思维习惯

【解析】 答案：A

本题主要是考核职业道德的定义：职业道德，就是从事一定职业的人，在工作和劳动过程中所应遵循的、与职业活动紧密联系的道德原则和规范的总和。

【鉴定点分布】 基本要求→职业道德及相关法律知识→职业道德基础知识

2. 在市场经济条件下，职业道德具有（　　）的社会功能。

A. 鼓励人们自由选择职业　　B. 遏制牟利最大化

C. 促进人们的行为规范化　　D. 最大限度地克服人们受利益驱动

【解析】 答案：C

本题主要是考核职业道德的功能：职业道德具有调节职业交往中的矛盾、促进行业发展、规范行业行为、维护行业信誉、融洽人际关系、提高社会道德素质的作用。

【鉴定点分布】 基本要求→职业道德及相关法律知识→职业道德基础知识

3. 企业文化的功能不包括（　　）。

A. 激励功能　　B. 导向功能　　C. 凝聚功能　　D. 娱乐功能

【解析】 答案：D

本题主要是考核企业文化的功能：企业文化具有五大功能：导向功能、约束功能、凝聚功能、激励功能和辐射功能。

【鉴定点分布】 基本要求→职业道德及相关法律知识→职业道德基础知识

4. 职业道德对企业起到（　　）的作用。

A. 决定经济效益　　B. 促进决策科学化

C. 增强竞争力　　D. 滋生员工守业意识

【解析】 答案：C

本题主要是考核职业道德对企业的作用：职业道德的基本规范里有一条是诚实守信。其基本作用是树立企业的信誉，树立起值得他人信赖的道德形象。谁的信誉高，谁在竞争中就能占据优势地位，就能增强竞争力。

【鉴定点分布】基本要求→职业道德及相关法律知识→职业道德基础知识

5. 职业道德是人的事业成功的（　　）。

A. 重要保证　　B. 最终结果　　C. 决定条件　　D. 显著标志

【解析】答案：A

本题主要是考核职业道德与个人事业的关系：首先，爱岗敬业是从业人员工作态度的基本要求，是职业道德的基础和核心。如果没有爱岗敬业的工作态度，便谈不上具有其他的职业道德。其次，只有爱岗敬业才能做好本职工作。做好本职工作是职业发展的前提，是事业成功的重要保证。

【鉴定点分布】基本要求→职业道德及相关法律知识→职业道德基础知识

6. 市场经济条件下，（　　）不违反职业道德规范中关于诚实守信的要求。

A. 通过诚实合法劳动，实现利益最大化

B. 打进对手内部，增强竞争优势

C. 根据服务对象来决定是否遵守承诺

D. 凡有利于增大企业利益的行为就做

【解析】答案：A

本题主要是考核诚实守信：诚实守信的基本要求是：直爽无隐，赤诚相见。人们彼此之间讲真话，不讲假话，并且做到"言必信，行必果"。诚实守信是调整人与人之间关系的一条准则。在人们日常交往中，只要做到讲诚实，守信用，就能得到别人的信任和赞誉。事实上，一个言行不一的人，在社会上是无法立足的。任何人，对组织、同志、朋友、同事、亲友都要讲诚实，守信用。若是言而无信，空许诺言，久而久之，就要失信于人，败坏自己的人格，被人们所遗弃。

诚信是中华民族优秀的文化传统。"诚信为本"的思想贯穿于中国传统文化的诸多方面，也是商业文化"义中取利"的基本道德准则。诚信关乎形象，诚信关乎效率，诚信关乎发展。

【鉴定点分布】基本要求→职业道德及相关法律知识→职业道德基础知识

7. 把电阻是 20 Ω 的一根金属丝截成等长的 10 段，再把这十段金属丝并联起来，这样并联后的总电阻是（　　）Ω。

A. 0.2　　B. 2　　C. 20　　D. 200

【解析】答案：A

本题主要是考核串联、并联电阻的概念。电阻串联：$R=R_1+R_2+\cdots+R_{10}$，分成

10段，每段$R=2\ \Omega$；电阻并联：$1/R=1/R_1+1/R_2+\cdots+1/R_{10}$，得到：$1/R=5$，所以$R=0.2$。

【鉴定点分布】 基本要求→基础知识→电工基本知识

8. 磁力线上任一点（　　）方向与该点的磁场方向一致。

A. 曲线　　B. 切线　　C. 直线　　D. S极

【解析】 答案：B

本题主要是考核磁力线的概念：磁力线上任一点切线方向与该点的磁场方向一致。

【鉴定点分布】 基本要求→基础知识→电工基本知识

9. 一电阻为2 Ω的导体，通过它的电流是4 A，则在1 min内电流做的功是（　　）J。

A. 8　　B. 32　　C. 480　　D. 1 920

【解析】 答案：D

本题主要是考核功概念：$W=I^2RT=4^2\times2\times60=1\,920$ J。

【鉴定点分布】 基本要求→基础知识→电工基本知识

10. 一用电器测得其阻值是55 Ω，使用时的电流为4 A，则其供电线路的电压为（　　）V。

A. 100　　B. 110　　C. 200　　D. 220

【解析】 答案：D

本题主要是考核欧姆定律概念：$U=IR=4\times55=220$ V。

【鉴定点分布】 基本要求→基础知识→电工基本知识

11. 通电导体在磁场中受到磁场力的方向可用（　　）来确定。

A. 右手定则　　B. 右手螺旋定则

C. 左手定则　　D. 都可以

【解析】 答案：C

本题主要是考核磁场对电流的作用：通电导体所受到的安培力F的大小与磁感应强度B、导体中的电流强度I、磁场中导体的长度L及导体与磁感应强度之间的夹角α的正弦值成正比，即安培力的大小可以用下式计算：

$$F=BIL\sin\alpha$$

安培力的方向可以用左手定则去判断，即伸开左手，让拇指与其余四指垂直，并在一个平面内，让磁力线穿过手心，四指指向电流方向，则拇指的指向就是安培力的方向

【鉴定点分布】 基本要求→基础知识→电工基本知识

12. 电感量一定的线圈，如果产生感应电动势大，则说明该线圈中通过电流的（　　）。

A. 数值大　　B. 变化量大　　C. 时间快　　D. 变化率大

【解析】 答案：D

本题主要是考核电磁感应现象：无论闭合回路的一部分在磁场中做切割磁力线运动，还是条形磁铁插入或拔出闭合回路的线圈，都是由于通过闭合回路的磁通量发生变化，在闭合回路上产生感生电流，把这种现象称为电磁感应现象，产生的电动势叫感生电动势，产生的电流叫感生电流。

由以上分析可知，电磁感应的条件是穿越线圈的磁通量发生变化。

【鉴定点分布】 基本要求→基础知识→电工基本知识

13. 三相绕组的 3 个空间位置间隔（　　）。

A. 30°　　B. 60°　　C. 90°　　D. 120°

【解析】 答案：D

本题主要是考核交流电基础知识：三相绕组构成的原则是三相绕组必须是对称分布的，各相绕组的导体数、并联支路数相等，导体的规格都一样；每相绕组在定子内圆上均匀分布，三相绕组在空间位置上各相差 120°的角度。

【鉴定点分布】 基本要求→基础知识→电工基本知识

14. 汽车用正向二极管的引出端为（　　）。

A. 正极　　B. 负极

C. 可能是正极，也可能是负极　　D. 以上说法都不正确

【解析】 答案：A

本题主要是考核晶体管知识：汽车用正向二极管的引出端为正极。

【鉴定点分布】 基本要求→基础知识→电工基本知识

15. （　　）回路的作用是控制液压系统的最高工作压力，使系统压力不超过压力控制阀的调定值。

A. 调压　　B. 减压　　C. 增压　　D. 换向

【解析】 答案：A

本题主要是考核液压回路知识：调压回路的作用是控制液压系统的最高工作压力，使系统压力不超过压力控制阀的调定值。

【鉴定点分布】 基本要求→基础知识→液压传动

16. （　　）只允许液流向一个方向通过，对另一个方向的液流则截止。

A. 压力阀　　B. 流量阀　　C. 方向阀　　D. 单向阀

【解析】答案：D

本题主要是考核液压阀知识：单向阀只允许液流向一个方向通过，对另一个方向的液流则截止。

【鉴定点分布】基本要求→基础知识→液压传动

17. 汽车采用的液力变矩器属于（　　）式液压传动。

A. 动力　　B. 容积　　C. 压力　　D. 体积

【解析】答案：A

本题主要是考核液压传动在汽车上的应用：汽车采用的液力变矩器属于动力式液压传动。

【鉴定点分布】基本要求→基础知识→液压传动

18. 卧式气动举升小车属于汽车（　　）举升器。

A. 部件　　B. 局部　　C. 总成　　D. 整体

【解析】答案：B

本题主要是考核汽车举升器的分类及使用：卧式气动举升小车属于汽车局部举升器。

【鉴定点分布】基本要求→基础知识→汽车维修机具性能和使用

19. 离车式平衡机按（　　）原理工作。

A. 静平衡　　B. 动平衡　　C. 平衡　　D. A或B

【解析】答案：B

本题主要是考核车轮平衡机的分类及使用：车轮平衡机有汽车车轮就车平衡机和车下车轮平衡机之分。都是用来检测与调整汽车车轮的动、静平衡，保证车轮运转安全平稳，减少轴承磨损。

离车式平衡机按动平衡原理工作。

【鉴定点分布】基本要求→基础知识→汽车维修机具性能和使用

20. 蓄电池的正极板的组成材料为（　　）。

A. 二氧化铅　　B. 海绵状铅　　C. 铜　　D. 铁

【解析】答案：A

本题主要是考核蓄电池的结构：蓄电池主要由极板、隔板、电解液、外壳、连接条和极桩等组成。

蓄电池的极板有正极板与负极板两种，正、负极板均由栅架和活性物组成。一般铅蓄电池的栅架由铅锑合金浇铸而成，正极板为二氧化铅（PbO_2），呈深棕色，负极板为海绵状铅（Pb），呈青灰色。

【鉴定点分布】基本要求→基础知识→汽车电气设备与电子控制装置

21. 汽车发电机的端电压高于蓄电池的电动势时，蓄电池将一部分电能转变为（　　）储存起来。

A. 热能　　B. 机械能

C. 化学能　　D. 热能或机械能

【解析】答案：C

本题主要是考核蓄电池的性能：交流发电机是汽车中除蓄电池外的另一个重要电源，在发动机运转及汽车行驶的大部分时间里，由交流发电机向各用电设备供电，同时还向蓄电池充电。蓄电池将一部分电能转变为化学能储存起来。

【鉴定点分布】基本要求→基础知识→汽车电气设备与电子控制装置

22. 汽车三相交流发电机（　　）是用来产生磁场的。

A. 转子总成　　B. 定子总成　　C. 整流器　　D. 电压调节器

【解析】答案：A

本题主要是考核发电机的结构：转子总成是用来产生磁场的，由转子轴、爪形磁极、激磁绕组、磁轭、滑环等组成。在轴的中间套有一磁轭，在磁轭外面绕有一个激磁绕组，两块爪形磁极将磁轭和激磁绕组夹于中间。激磁绕组的首尾端穿过爪极分别焊接在两个相互绝缘并与轴也绝缘的滑环上。装好后端盖上的两个电刷后，分别与两个滑环滑动接触，向激磁绕组引入激磁电流。

【鉴定点分布】基本要求→基础知识→汽车电气设备与电子控制装置

23.（　　）是汽车中除蓄电池外的另一个重要电源。

A. 交流发电机　　B. 起动机

C. 分电器　　D. 点火线圈

【解析】答案：A

本题主要是考核发电机的功用：交流发电机是汽车中除蓄电池外的另一个重要电源。

【鉴定点分布】基本要求→基础知识→汽车电气设备与电子控制装置

24. 集成电路调节器装于汽车（　　）。

A. 交流发电机外部　　B. 交流发电机内部

C. 发动机外部　　D. 发动机内部

【解析】答案：B

本题主要是考核发电机的结构：普通汽车交流发电机一般由三相同步交流发电机和硅二极管整流器组成，现多为内调式交流发电机，内调式交流发电机除三相同步交流发电机和硅二极管整流器外，发电机内部还装有集成电路调节器。

【鉴定点分布】基本要求→基础知识→汽车电气设备与电子控制装置

25.（　　）的功用是将蓄电池的电能转变为机械能，产生转矩，起动发动机。

A. 起动系　　B. 充电系　　C. 点火系　　D. 灯系

【解析】答案：A

本题主要是考核起动系的功用：起动系的功用就是将蓄电池的电能转变为机械能产生转矩，起动发动机。

【鉴定点分布】基本要求→基础知识→汽车电气设备与电子控制装置

26. 汽车（　　）由低压电路和高压电路组成。

A. 起动系　　B. 充电系　　C. 点火系　　D. 灯系

【解析】答案：C

本题主要是考核点火系的组成：点火系统通常由电源、点火线圈、分电器（包括断电器）和火花塞等组成。其中电源、断电器和点火线圈的初级线圈构成低压电路部分；点火线圈的次级线圈、分电器和火花塞构成高压电路部分。

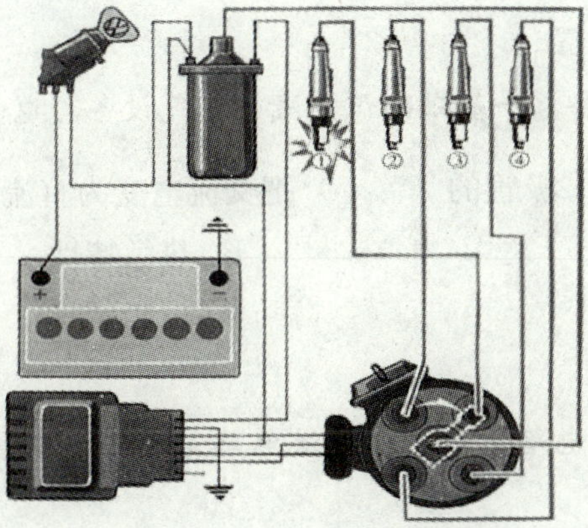

点火系的组成

【鉴定点分布】基本要求→基础知识→汽车电气设备与电子控制装置

27. 发动机点火系中，分电器盖内有与发动机气缸数（　　）的旁电极。

A. 相等　　B. 不等　　C. 两倍　　D. 不确定

【解析】答案：A

本题主要是考核分电器的结构：发动机点火系中，分电器盖内有与发动机气缸数相等的旁电极。

【鉴定点分布】基本要求→基础知识→汽车电气设备与电子控制装置

28.（　　）用来清除汽车风窗玻璃上的雨水、雪或尘土，确保驾驶员能有良好的视线。

A. 电动刮水器　　B. 风窗除霜装置

C. 电动天线　　D. 风窗玻璃洗涤装置

【解析】答案：A

本题主要是考核电动刮水器的作用：刮水器用来清除风窗玻璃上的雨水、雪或尘土，确保驾驶员能有良好的视线。电动刮水器由微型直流电动机驱动，通过联动机构，使刮水器的刮水片在挡风玻璃的外表面来回摆动。其驱动部分由一个微型直流电动机、蜗轮箱装在一起并固定在底板上，蜗轮的旋转运动由曲柄、连杆和摆杆等机构变成左右往复摆动，刮水臂装在摆杆轴上。

【鉴定点分布】基本要求→基础知识→汽车电气设备与电子控制装置

29.（　　）是汽车发生碰撞时用来减少乘员在车厢内部撞击能量的安全装置。

A. 安全气囊　　B. ABS　　C. EFI　　D. EGI

【解析】答案：A

本题主要是考核安全气囊的作用：安全气囊是汽车发生碰撞时用来减少乘员在车厢内部撞击能量的安全装置。

【鉴定点分布】基本要求→基础知识→汽车电气设备与电子控制装置

30. 整流电路是利用二极管的（　　）把交流电变为直流电的电路。

A. 单向导电性　　B. 热敏特性

C. 光敏特性　　D. 电阻特性

【解析】答案：A

本题主要是考核整流电路的作用：整流电路是利用二极管的单向导电性把交流电变为直流电的电路。

【鉴定点分布】基本要求→基础知识→汽车电气设备与电子控制装置

31. 发动机曲轴轴承异响发出（　　）声。

A. 铛铛　　B. 啪啪　　C. 嗒嗒　　D. 噗噗

【解析】答案：A

本题主要是考核发动机异响的现象、原因：发动机曲轴轴承异响发出铛铛声。

【鉴定点分布】相关知识→诊断与排除发动机故障→诊断与排除发动机异响

32. 判断发动机活塞环敲击响时，可向气缸内注入（　　），若响声减弱，则可能端隙过大。

A. 少量机油　　B. 大量机油　　C. 少量柴油　　D. 少量汽油

【解析】答案：A

本题主要是考核发动机异响的诊断排除方法：判断发动机活塞环敲击响时，可向气缸内注入少量机油，若响声减弱，则可能端隙过大。

【鉴定点分布】相关知识→诊断与排除发动机故障→诊断与排除发动机异响

33. 发动机活塞环敲击响是钝哑的（　　）声。

A. 嗒嗒　　B. 哗啦　　C. 铛铛　　D. 啪啪

【解析】答案：D

本题主要是考核发动机异响的现象、原因：发动机活塞环敲击响是钝哑的啪啪声。

【鉴定点分布】相关知识→诊断与排除发动机故障→诊断与排除发动机异响

34. 发动机气门座圈异响比气门异响声音稍大，呈（　　）的嚓嚓声。

A. 没有规律的忽大、忽小　　B. 有规律、大小一样

C. 无规律、大小一样　　D. 有规律

【解析】答案：A

本题主要是考核发动机异响的现象、原因：发动机气门座圈异响比气门异响声音稍大，呈没有规律的忽大、忽小的嚓嚓声。

【鉴定点分布】相关知识→诊断与排除发动机故障→诊断与排除发动机异响

35. 发动机气门间隙过大，造成气门脚异响，可用（　　）判断。

A. 塞尺　　B. 撬棍　　C. 扳手　　D. 卡尺

【解析】答案：A

本题主要是考核发动机异响的诊断及排除方法：发动机气门间隙过大，造成气门脚异响可用塞尺判断。

【鉴定点分布】相关知识→诊断与排除发动机故障→诊断与排除发动机异响

36. 发动机运转不稳，消声器发出有节奏的（　　）声。

A. 嘟嘟　　B. 铛铛　　C. 嗒嗒　　D. 啦啦

【解析】答案：A

本题主要是考核汽油发动机运转不稳现象、原因：发动机运转不稳，消声器发出有节奏的嘟嘟声。

【鉴定点分布】相关知识→诊断与排除发动机故障→诊断与排除发动机异响

37. 柴油机喷油泵的供油拉杆由（　　）控制。

A. 调速器　　B. 油量限制器

C. 油量调节机构　　D. 联轴节

【解析】答案：A

本题主要是考核喷油泵的构造和工作原理：柴油机喷油泵的供油拉杆由调速器控制。

【鉴定点分布】相关知识→诊断与排除发动机故障→诊断与排除发动机异响

38. 曲轴弯曲的校正常用（　　）法。

A. 冷压　　B. 表面敲击

C. 热压　　D. 先冷压后加热

【解析】答案：A

本题主要是考核轴类零件校正知识：曲轴弯曲的校正常用冷压法。

【鉴定点分布】相关知识→诊断与排除发动机故障→诊断与排除发动机异响

39. 发动机如果个别缸火花塞不工作将使油耗（　　）。

A. 增加　　B. 减少　　C. 不变　　D. 不能确定

【解析】答案：A

本题主要是考核汽车节油改造措施：发动机如果个别缸火花塞不工作将使油耗增加。

【鉴定点分布】相关知识→诊断与排除发动机故障→诊断与排除发动机异响

40. 下述选项中影响发动机的充气效率的是（　　）。

A. 压缩比　　B. 润滑油品质

C. 空燃比　　D. 气缸容积

【解析】答案：A

本题主要是考核发动机充气效率：发动机在燃烧过程中需要充足的氧气，影响发动机充气效率的因素有进气终了压力、进气终了温度、排气终了残余废气压力和温度；提高发动机充气效率的措施有：减小进气系统的流动损失、减少排气系统对气流的阻力、减小气门叠开角、合理选择配气正时，保证最好的充气效率。

【鉴定点分布】相关知识→诊断与排除发动机故障→诊断与排除发动机油路、电路故障

41. 减小进气道与进气管的阻力可以提高发动机的（　　）。

A. 机械效率　　B. 充气效率　　C. 热效率　　D. 燃烧效率

【解析】答案：B

本题主要是考核发动机充气效率：发动机在燃烧过程中需要充足的氧气，影响发动机充气效率的因素有进气终了压力、进气终了温度、排气终了残余废气压力和温度；提高发动机充气效率的措施有：减小进气系统的流动损失、减少排气系统对气流的阻力、减小气门叠开角、合理选择配气正时，保证最好的充气效率。

【鉴定点分布】 相关知识→诊断与排除发动机故障→诊断与排除发动机油路、电路故障

42. 汽油发动机从电火花点火到火焰中心形成的这段时期为（ ）。

A. 着火延迟期 B. 急燃期 C. 补燃期 D. 后燃期

【解析】 答案：A

本题主要是考核汽油机燃烧过程：汽油发动机从电火花点火到火焰中心形成的这段时期为着火延迟期。

【鉴定点分布】 相关知识→诊断与排除发动机故障→诊断与排除发动机油路、电路故障

43. 为了不影响汽油发动机动力性和经济性，应尽量减少（ ）。

A. 着火延迟期 B. 急燃期

C. 补燃期 D. 后燃期

【解析】 答案：C

本题主要是考核汽油机燃烧过程：为了不影响汽油发动机动力性和经济性，应尽量减少补燃期。

【鉴定点分布】 相关知识→诊断与排除发动机故障→诊断与排除发动机油路、电路故障

44. 冷却水温度对汽油发动机燃烧（ ）。

A. 有一定影响 B. 无影响

C. 有较大影响 D. 可能有影响

【解析】 答案：A

本题主要是考核影响汽油机燃烧过程的因素：

（1）可燃混合气成分。

（2）点火提前角。

（3）发动机转速。

（4）负荷。

（5）冷却水温度。

（6）压缩比。

【鉴定点分布】 相关知识→诊断与排除发动机故障→诊断与排除发动机油路、电路故障

45. 汽油发动机的不正常燃烧的形式有（ ）。

A. 爆燃 B. 表面点火

C. 爆燃和表面点火　　　　　　　　D. 补燃

【解析】答案：C

本题主要是考核汽油机的不正常燃烧：汽油发动机的不正常燃烧的形式有爆燃和表面点火。

【鉴定点分布】相关知识→诊断与排除发动机故障→诊断与排除发动机油路、电路故障

46. 柴油发动机混合气在（　　）形成。

A. 缸内　　B. 气门背面　　C. 进气管　　D. 化油器

【解析】答案：A

本题主要是考核柴油机的混合气形成：柴油机在进气行程中吸入的是纯空气。在压缩行程接近终了时，柴油经喷油泵将油压提高到 10 MPa 以上，通过喷油器喷入气缸，在很短时间内与压缩后的高温空气混合，形成可燃混合气。由于柴油机压缩比高（一般为 16～22），所以压缩终了时气缸内空气压力可达 3.5～4.5 MPa，同时温度高达 750～1 000 K，大大超过柴油的自燃温度。因此柴油在喷入气缸后，在很短时间内与空气混合后便立即自行发火燃烧。

【鉴定点分布】相关知识→诊断与排除发动机故障→诊断与排除发动机油路、电路故障

47. 柴油机在进气行程进入气缸的是（　　）。

A. 混合气　　　　　　　　B. 纯空气

C. 先空气后混合气　　　　D. 雾化的柴油

【解析】答案：B

本题主要是考核柴油机的混合气形成：柴油机在进气行程中吸入的是纯空气。在压缩行程接近终了时，柴油经喷油泵将油压提高到 10 MPa 以上，通过喷油器喷入气缸，在很短时间内与压缩后的高温空气混合，形成可燃混合气。由于柴油机压缩比高（一般为 16～22），所以压缩终了时气缸内空气压力可达 3.5～4.5 MPa，同时温度高达 750～1 000 K，大大超过柴油的自燃温度。因此柴油在喷入气缸后，在很短时间内与空气混合后便立即自行发火燃烧。

【鉴定点分布】相关知识→诊断与排除发动机故障→诊断与排除发动机油路、电路故障

48. 发动机有效转矩 M_e 与有效功率 P_e 的关系为（　　）。

A. $M_e=P_e n$　　　　　　　　B. $M_e=9\ 500P_e/n$

C. $M_e=9\ 500n/P_e$　　　　　D. $M_e=9\ 500P_e n$

【解析】答案：B

本题主要是考核发动机的性能指标：$M_e=9\,500P_e/n$。

【鉴定点分布】 相关知识→诊断与排除发动机故障→诊断与排除发动机油路、电路故障

49. 汽油发动机在转速保持一定时，随有效功率 P_e 的增加每小时油耗（　　）。

A. 减少　　B. 增加

C. 先增加后减小　　D. 不确定

【解析】 答案：B

本题主要是考核发动机的速度特性：汽油发动机在转速保持一定时，随有效功率 P_e 的增加每小时油耗增加。

【鉴定点分布】 相关知识→诊断与排除发动机故障→诊断与排除发动机疑难故障

50. 比较不同转速下的柴油机的负荷特性，甲说："同一功率下，速度高的耗油率高。"乙说："同一功率下，速度高的耗油率低。"则（　　）。

A. 甲正确　　B. 乙正确

C. 甲乙都不正确　　D. 甲乙都正确

【解析】 答案：C

本题主要是考核发动机的负荷特性：开始时，g_e 随转速 n 的增加而减小，当转速增大到一定程度后，由于进气阻力增大，进气量减少，而摩擦损失随转速升高而有所增大，所以有效耗油率又随转速的增高而微微有所上升。

【鉴定点分布】 相关知识→诊断与排除发动机故障→诊断与排除发动机疑难故障

51. 电控燃油喷射发动机严禁在运转时，将（　　）从电路中断开。

A. 蓄电池　　B. 传感器

C. 点火线圈　　D. 电动汽油泵

【解析】 答案：A

本题主要是考核电控燃油喷射发动机故障诊断：电控燃油喷射发动机严禁在运转时，将蓄电池从电路中断开。

【鉴定点分布】 相关知识→诊断与排除发动机故障→诊断与排除电控发动机故障

52. 下列不属于车辆检测诊断内容的是（　　）。

A. 底盘功率　　B. 发动机功率

C. 异响　　D. 曲轴磨损量

【解析】 答案：D

本题主要是考核车辆检测诊断：车辆检测诊断内容有动力性、经济性、排放性等。

【鉴定点分布】 相关知识→诊断与排除发动机故障→诊断与排除发动机疑难故障

53.（ ）汽车检测站应具备汽车底盘测功仪。

A. A级　　B. B级　　C. C级　　D. D级

【解析】答案：A

本题主要是考核车辆检测站的分类：根据检测站的职能，检测站分为A、B、C三级。

A级站：能检测车辆的制动、侧滑、灯光、转向、前轮定位、车速、车轮动平衡、底盘输出功率、燃料消耗、发动机功率和点火系状况及异响、磨损、变形、裂纹、噪声、废气排放等状况。

B级站：能承担在用车辆技术状况和车辆维修质量的检测，即能检验车辆的制动、侧滑、灯光、转向、车轮动平衡、燃料消耗、发动机功率和点火系状况，及异响、变形、噪声、废气排放等状况。

C级站：能承担在用车辆技术状况的检测，即能检测车辆的制动、侧滑、灯光、转向、车轮动平衡、燃料消耗、发动机功率及异响、噪声、废气排放等状况。

A级站和B级站出具的检测结果证明，可以作为维修单位维修质量的凭证。

【鉴定点分布】相关知识→诊断与排除发动机故障→诊断与排除发动机疑难故障

54. 发动机全浮式活塞销与活塞销座孔的配合，汽油机要求在常温下有（ ）mm的过盈。

A. 0.025～0.075　　B. 0.002 5～0.007 5

C. 0.05～0.08　　D. 0.005～0.008

【解析】答案：B

本题主要是考核总成装配中配合间隙：发动机全浮式活塞销与活塞销座孔的配合，汽油机要求在常温下有0.002 5～0.007 5 mm的过盈。

【鉴定点分布】相关知识→诊断与排除发动机故障→诊断与排除电控发动机故障

55. 用万用表检查汽车电气元件的电阻、电压或电流强度时，所用万用表阻抗必须大于（ ）。

A. 10 kΩ　　B. 20 kΩ　　C. 10 MΩ　　D. 20 MΩ

【解析】答案：C

本题主要是考核万用表的使用方法：用万用表检查汽车电气元件的电阻、电压或电流强度时，所用万用表阻抗必须大于10 MΩ。

【鉴定点分布】相关知识→诊断与排除发动机故障→诊断与排除电控发动机故障

56. 卡门涡流式空气流量计用（ ）检测。

A. 万用表　　B. 频率计

C. 万用表或频率计　　D. 电压表

【解析】答案：C

本题主要是考核传感器的检测：卡门涡流式空气流量计用万用表或频率计检测。

【鉴定点分布】相关知识→诊断与排除发动机故障→诊断与排除电控发动机故障

57. 汽车电气设备电路采用（　　）。

A. 正极搭铁　B. 双线并联　C. 单线串联　D. 单线并联

【解析】答案：D

本题主要是考核电气设备线路图：汽车电气设备电路采用单线并联。

【鉴定点分布】相关知识→诊断与排除发动机故障→诊断与排除电控发动机故障

58. 下列不属于汽车系统电路图特点的为（　　）。

A. 仅涉及单个系统　B. 易于阅读

C. 实用性差　D. 符合实际连接关系

【解析】答案：C

本题主要是考核电气设备线路图：实用性差不属于汽车系统电路图特点。

【鉴定点分布】相关知识→诊断与排除发动机故障→诊断与排除电控发动机故障

59. 汽车维修用电设备接地线应使用（　　）。

A. 截面积大于等于 25 mm^2 的铜绞线

B. 截面积大于等于 25 mm^2 的铝绞线

C. 截面积大于等于 15 mm^2 的铜绞线

D. 截面积大于等于 15 mm^2 的铝绞线

【解析】答案：A

本题主要是考核安全技术培训：汽车维修用电设备接地线应使用截面积大于等于 25 mm^2 的铜绞线。

【鉴定点分布】相关知识→诊断与排除发动机故障→诊断与排除电控发动机故障

60. 汽车维修用电设备接地线（　　）。

A. 电阻越大越好　B. 电阻尽量小

C. 用尽可能细的导线　D. 越长越好

【解析】答案：B

本题主要是考核安全技术培训：汽车维修用电设备接地线电阻尽量小。

【鉴定点分布】相关知识→诊断与排除发动机故障→诊断与排除电控发动机故障

61. 发动机电控燃油喷射系统一般由（　　）个系统构成。

A. 2　B. 3　C. 4　D. 5

【解析】答案：B

本题主要是考核汽车新技术：发动机电控燃油喷射系统一般由 3 个系统构成。

【鉴定点分布】相关知识→诊断与排除发动机故障→诊断与排除电控发动机故障

62. 电控汽油喷射发动机步进电机的作用是（　　）。

A. 冷起动　　B. 测量进气量

C. 自动调整怠速　　D. 海拔高度补偿

【解析】答案：C

本题主要是考核汽车新技术：电控汽油喷射发动机步进电机的作用是自动调整怠速。

【鉴定点分布】相关知识→诊断与排除发动机故障→诊断与排除电控发动机故障

63. 下列为了提高发动机充气效率的是（　　）。

A. 采用长进气管　　B. 可变进气系统

C. 加装动力腔　　D. 以上全是

【解析】答案：D

本题主要是考核汽车新技术：采用长进气管、可变进气系统、加装动力腔可以提高发动机充气效率。

【鉴定点分布】相关知识→诊断与排除发动机故障→诊断与排除电控发动机故障

64. 衡量汽车空调质量的指标主要有温度、湿度、流速和（　　）。

A. 热量　　B. 热流量　　C. 清洁度　　D. 清新度

【解析】答案：C

本题主要是考核汽车新技术：衡量汽车空调质量的指标主要有四个：温度、湿度、流速和清洁度。

【鉴定点分布】相关知识→诊断与排除发动机故障→诊断与排除电控发动机故障

65. 在汽车上电控单元工作电压为（　　）V。

A. 5　　B. 9　　C. 12　　D. 14

【解析】答案：A

本题主要是考核汽车新技术：汽车上电控单元工作电压为 5 V。

【鉴定点分布】相关知识→诊断与排除发动机故障→诊断与排除电控发动机故障

66. 下列（　　）不是变速器异响原因。

A. 壳体变形　　B. 油少　　C. 轴变形　　D. 密封不良

【解析】答案：D

本题主要是考核手动变速器异响的现象、原因：密封不良不会造成变速器异响，只会造成变速器漏油。

【鉴定点分布】 相关知识→诊断与排除汽车底盘故障→诊断与排除底盘异响

67. 在任何挡位和车速条件下均有嗞嗞声说明（　　）。

A. 变速器缺油　　B. 中间轴弯曲

C. 第一轴变形　　D. 啮合齿轮间隙过大

【解析】 答案：A

本题主要是考核手动变速器异响的诊断及排除方法：在任何挡位和车速条件下，均有嗞嗞声说明变速器缺油。

【鉴定点分布】 相关知识→诊断与排除汽车底盘故障→诊断与排除底盘异响

68. 车速急剧变化，变速器响声加大；而车速相对稳定，响声消失，说明（　　）。

A. 齿隙过大　　B. 中间轴弯曲

C. 第二轴弯曲　　D. 轴承损坏

【解析】 答案：A

本题主要是考核手动变速器异响的诊断及排除方法：车速急剧变化，变速器响声加大；而车速相对稳定，响声消失，说明齿隙过大。

【鉴定点分布】 相关知识→诊断与排除汽车底盘故障→诊断与排除底盘异响

69. 分离轴承缺少润滑油，造成（　　）异响。

A. 离合器　　B. 变速器　　C. 变速器壳　　D. 驱动桥

【解析】 答案：A

本题主要是考核离合器异响的现象、原因：离合器分离轴承缺少润滑油，造成离合器异响。

【鉴定点分布】 相关知识→诊断与排除汽车底盘故障→诊断与排除底盘异响

70. 连续踏动离合器踏板，在即将分离或结合的瞬间有异响，则为（　　）。

A. 摩擦片铆钉松动　　B. 连接松旷

C. 分离轴承缺油　　D. 离合器片花键齿磨损

【解析】 答案：A

本题主要是考核离合器异响的诊断及排除方法：连续踏动离合器踏板，在即将分离或结合的瞬间有异响，则为摩擦片铆钉松动。

【鉴定点分布】 相关知识→诊断与排除汽车底盘故障→诊断与排除底盘异响

71. 万向传动装置异响，下列（　　）是异响现象。

A. 起步发抖　　B. 车速变化发抖

C. 高速挡小油门发抖　　D. 金属撞击声

【解析】答案：D

本题主要是考核万向传动装置异响的现象、原因：金属撞击声是万向传动装置异响的现象。

【鉴定点分布】相关知识→诊断与排除汽车底盘故障→诊断与排除底盘异响

72. 汽车起步，车身发抖并能听到嚓啦的撞击声是（　　）异响。

A. 万向传动装置　　B. 变速器

C. 离合器　　D. 驱动桥

【解析】答案：A

本题主要是考核万向传动装置异响的现象、原因：汽车起步，车身发抖并能听到嚓啦的撞击声是万向传动装置异响。

【鉴定点分布】相关知识→诊断与排除汽车底盘故障→诊断与排除底盘异响

73. 汽车起步或行驶中，始终有明显的异响并伴有振抖，说明万向传动装置（　　）松旷。

A. 中间支架固定螺栓　　B. 万向节十字轴

C. 连接螺栓　　D. 万向节十字轴轴承

【解析】答案：A

本题主要是考核万向传动装置异响的诊断及排除方法：汽车起步或行驶中，始终有明显的异响并伴有振抖，说明中间支架固定螺栓松旷。

【鉴定点分布】相关知识→诊断与排除汽车底盘故障→诊断与排除底盘异响

74. 汽车后桥某一部位的齿轮啮合印痕不当，会使汽车在（　　）时发响。

A. 下坡　　B. 上坡　　C. 上、下坡　　D. 起步

【解析】答案：C

本题主要是考核后桥异响的现象、原因：汽车后桥某一部位的齿轮啮合印痕不当，会使汽车在上、下坡时发响。

【鉴定点分布】相关知识→诊断与排除汽车底盘故障→诊断与排除底盘异响

75. 当汽车主减速器（　　）折断时，会导致汽车行车中突然出现强烈而有节奏的金属敲击声。

A. 圆锥齿轮轮齿　　B. 行星齿轮轮齿

C. 半轴齿轮轮齿　　D. 半轴花键

【解析】答案：A

本题主要是考核后桥异响的诊断及排除方法：当汽车主减速器圆锥齿轮轮齿折断时，会导致汽车行车中突然出现强烈而有节奏的金属敲击声。

【鉴定点分布】相关知识→诊断与排除汽车底盘故障→诊断与排除底盘异响

76. 自动变速器失速转速标准一般为（　　）r/min左右。

A. 1 800　　B. 2 000　　C. 2 300　　D. 2 600

【解析】答案：C

本题主要是考核自动变速器测试：自动变速器失速转速标准一般为2 300 r/min左右。

【鉴定点分布】相关知识→诊断与排除汽车底盘故障→诊断与排除底盘异响

77. 子午线轮胎的滚动阻力小，与一般斜交胎相比可节油（　　）。

A. 2%～3%　　B. 4%～6%　　C. 6%～8%　　D. 8%～10%

【解析】答案：C

本题主要是考核影响汽车燃料经济性主要因素：子午线轮胎的滚动阻力小，与一般斜交胎相比可节油6%～8%。

【鉴定点分布】相关知识→诊断与排除汽车底盘故障→诊断与排除轮胎故障

78. 在正常装载的情况下，汽车所能爬上的最大坡道角度一般为（　　）左右。

A. 30°　　B. 75°　　C. 45°　　D. 60°

【解析】答案：C

本题主要是考核汽车的操纵稳定性：在正常装载的情况下，汽车所能爬上的最大坡道角度一般为45°左右。

【鉴定点分布】相关知识→诊断与排除汽车底盘故障→诊断与排除轮胎故障

79. 子午线轮胎侧偏刚度比普通斜交胎（　　）。

A. 小　　B. 大　　C. 一样　　D. 不能确定

【解析】答案：B

本题主要是考核汽车的操纵稳定性：子午线轮胎侧偏刚度比普通斜交胎大。

【鉴定点分布】相关知识→诊断与排除汽车底盘故障→诊断与排除轮胎故障

80. 汽车振动的固有频率的理想值为（　　）次/min。

A. 30～40　　B. 40～50　　C. 55～70　　D. 60～85

【解析】答案：D

本题主要是考核汽车的平顺性及影响因素：汽车振动的固有频率的理想值为60～85次/min。

【鉴定点分布】相关知识→诊断与排除汽车底盘故障→诊断与排除轮胎故障

81. 在松软路面上行驶，降低汽车轮胎气压会（　　）附着系数。

A. 降低　　B. 增加　　C. 不影响　　D. 不改变

【解析】答案：B

本题主要是考核汽车通过性及影响因素：在松软路面上行驶，降低汽车轮胎气压会增加附着系数。

【鉴定点分布】相关知识→诊断与排除汽车底盘故障→诊断与排除轮胎故障

82. 汽车最高车速是指（　　）。

A. 最高的平均速度　　B. 能达到的最高速度

C. 最高稳定行驶速度　　D. 平坦良好路面上，最高稳定行驶速度

【解析】答案：D

本题主要是考核汽车动力性的检测项目及相关标准：汽车最高车速是指平坦良好路面上，最高稳定行驶速度。

【鉴定点分布】相关知识→诊断与排除汽车底盘故障→诊断与排除轮胎故障

83. 下列因素中造成汽车转向沉重的原因是（　　）。

A. 蜗杆与滚轮啮合间隙过大　　B. 蜗杆与滚轮啮合间隙过小

C. 蜗杆上下轴承间隙过大　　D. 转向传动机构松旷

【解析】答案：B

本题主要是考核转向系疑难故障判断与排除：蜗杆与滚轮啮合间隙过小会使汽车转向沉重。

【鉴定点分布】相关知识→诊断与排除汽车底盘故障→诊断与排除轮胎故障

84. 汽车转向节臂变形会造成（　　）。

A. 转向沉重　　B. 前轮摆头　　C. 行驶跑偏　　D. 制动跑偏

【解析】答案：C

本题主要是考核转向系疑难故障判断与排除：汽车转向节臂变形会造成行驶跑偏。

【鉴定点分布】相关知识→诊断与排除汽车底盘故障→诊断与排除轮胎故障

85. 当汽车在行驶中后桥出现连续的“嗷嗷”声响，车速加快声响也加大，滑行时稍有减弱，说明（　　）。

A. 圆锥主从动齿轮啮合间隙过小　　B. 圆锥主从动齿轮啮合间隙过大

C. 圆锥主从动齿轮轮齿折断　　D. 半轴花键损坏

【解析】答案：A

本题主要是考核传动系疑难故障判断与排除：当汽车在行驶中后桥出现连续的“嗷嗷”声响，车速加快声响也加大，滑行时稍有减弱，说明圆锥主从动齿轮啮合间隙过小。

【鉴定点分布】相关知识→诊断与排除汽车底盘故障→诊断与排除轮胎故障

86. 绝大多数汽车 ABS 都具有的传感器为（　　）。

A. 轮速传感器　　B. 车速传感器

C. 减速度传感器　　D. 压力传感器

【解析】答案：A

本题主要是考核汽车新技术：现代汽车的 ABS 系统中都设置有轮速传感器。轮速传感器的功用是检测车轮的旋转速度，并将速度信号输入电子控制单元。目前，常用的轮速传感器主要有电磁式和霍尔式两种。其安装位置如图所示。

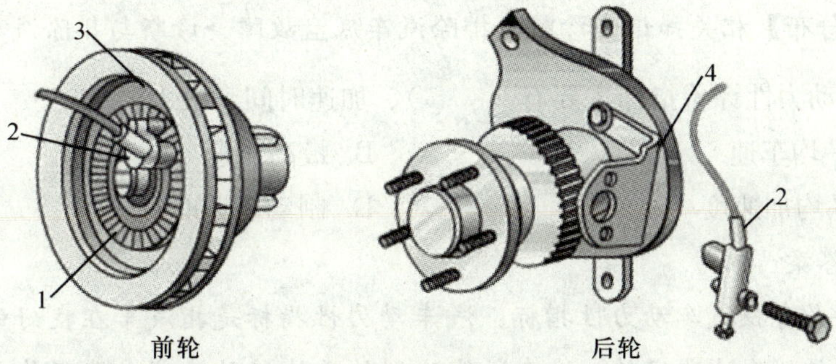

轮速传感器的安装位置

1—齿圈　2—轮速传感器　3—轮毂　4—支架

【鉴定点分布】相关知识→诊断与排除汽车底盘故障→诊断与排除汽车制动故障

87. ABS 将汽车滑移率控制在（　　）。

A. 10%～15%　B. 15%～20%　C. 20%～30%　D. 30%～40%

【解析】答案：B

本题主要是考核汽车新技术：滑移率是在车轮运动中滑动成分所占的比例，用 δ 表示。据试验证实，当车轮滑移率 $\delta=15\%\sim20\%$ 时附着系数达到最大值，因此，为了取得最佳的制动效果，一定要控制其滑移率在 15%～20%范围内。

【鉴定点分布】相关知识→诊断与排除汽车底盘故障→诊断与排除汽车制动故障

88. 目前多数汽车 ABS 均采用（　　）的控制方式。

A. 以车轮减速度为控制参数

B. 以车轮滑移率为控制参数

C. 以车轮减速度、加速度及滑移率为控制参数

D. 模仿

【解析】答案：C

本题主要是考核汽车新技术：目前多数汽车 ABS 均采用以车轮减速度、加速度及滑移率为控制参数的控制方式。

【鉴定点分布】相关知识→诊断与排除汽车底盘故障→诊断与排除汽车制动故障

89. 用于汽车 ABS 系统的轮速传感器主要有（　　）。

A. 电磁式　　B. 霍尔效应式

C. 光电式　　D. 电磁式和霍尔效应式

【解析】答案：D

本题主要是考核汽车新技术：轮速传感器的功用是检测车轮的旋转速度，并将速度信号输入电子控制单元。目前，常用的轮速传感器主要有电磁式和霍尔效应式两种。

【鉴定点分布】相关知识→诊断与排除汽车底盘故障→诊断与排除汽车制动故障

90. 汽车动力性评价指标主要有（　　）、加速时间、最大爬坡度。

A. 平均车速　　B. 最高车速

C. 平均加速度　　D. 制动协调时间

【解析】答案：B

本题主要是考核汽车动力性指标：汽车动力性指标是指汽车在良好的路面上行驶时由汽车受到的纵向力决定的，汽车所能达到的平均行驶速度。其评价指标有：汽车的最高车速、加速时间、最大爬坡度。

【鉴定点分布】相关知识→诊断与排除汽车底盘故障→诊断与排除汽车制动故障

91. 汽车等速行驶时，驱动力和行驶阻力的关系为（　　）。

A. 驱动力大于行驶阻力　　B. 驱动力等于行驶阻力

C. 驱动力大于或等于行驶阻力　　D. 驱动力小于行驶阻力

【解析】答案：B

本题主要是考核汽车行驶的驱动力和行驶阻力：汽车等速行驶时，驱动力等于行驶阻力。汽车在不同路面状况和不同运行工况下的受力情况是不同的。

路面状况	运行工况	驱动力与行驶阻力关系
水平路面	减速行驶	$F_t < F_f + F_\omega$
	等速行驶	$F_t = F_f + F_\omega$
	加速行驶	$F_t = F_f + F_\omega + F_j$
纵向坡道	等速上行	$F_t = F_f + F_\omega + F_i$
	加速上行	$F_t = F_f + F_\omega + F_i + F_j$

【鉴定点分布】相关知识→诊断与排除汽车底盘故障→诊断与排除汽车制动故障

92. 汽车行驶时驱动力（　　）附着力。

A. 大于　　B. 等于　　C. 小于　　D. 小于或等于

【解析】答案：D

本题主要是考核汽车行驶的驱动与附着条件：汽车行驶时，路面阻止驱动轮滑转（打滑）的最大反作用力叫附着力，用 F_φ 表示。它与轮胎和路面的性质以及作用在驱动轮上的压力有关，其大小为：

$$F_\varphi = N\varphi$$

式中　N——附着重力，即作用在所有驱动轮上的法向反作用力；

φ——附着系数，其数值因轮胎和路面性质而异，一般由试验测定。

汽车在冰雪、泥泞或松软的路面上行驶时，由于其附着系数小，使附着力很小，汽车的驱动力受到附着力的限制而不能克服较大的行驶阻力，出现打滑现象。若继续加大油门，则驱动轮只会加速滑转，而驱动力并没有增大。显然，附着力对驱动力起着制约的作用，即驱动力 F_t 的大小不仅与发动机动力有关，还受到附着力 F_φ 的限制，即附着条件为：

$$F_t \leqslant F_\varphi$$

要使驱动轮不产生滑转，附着力 F_φ 必须大于或等于驱动力 F_t。由此可见，保证汽车正常行驶要满足两个条件：一是发动机要有足够的功率，二是驱动轮与路面间要有足够的附着力。

【鉴定点分布】 相关知识→诊断与排除汽车底盘故障→诊断与排除汽车制动故障

93. 汽车行驶阻力和附着力的关系是（　　）。

A. 汽车行驶阻力大于附着力

B. 汽车行驶阻力等于附着力

C. 汽车行驶阻力小于或等于附着力

D. 汽车行驶阻力小于附着力

【解析】 答案：C

本题主要是考核汽车行驶的驱动与附着条件：汽车行驶阻力小于或等于附着力。

【鉴定点分布】 相关知识→诊断与排除汽车底盘故障→诊断与排除汽车制动故障

94. 制动效能的稳定性是指（　　）。

A. 制动时无侧滑　　B. 抗热衰退性和抗水衰退性

C. 最大制动力不变　　D. 制动时无跑偏

【解析】 答案：B

本题主要是考核制动效能：制动效能的稳定性是指抗热衰退性和抗水衰退性。

【鉴定点分布】 相关知识→诊断与排除汽车底盘故障→诊断与排除汽车制动故障

95. 汽车制动器制动力和地面制动力的关系（　　）。

A. 前者大于后者　　B. 前者小于后者

C. 二者相等　　D. 二者同步增长

【解析】答案：D

本题主要是考核汽车制动时车轮受力分析：汽车制动器制动力和地面制动力的关系是二者同步增长。

【鉴定点分布】相关知识→诊断与排除汽车底盘故障→诊断与排除汽车制动故障

96. 汽车与地面的附着系数（　　）。

A. 与轮胎类型无关

B. 在制动过程中，随滑移率的变化而变化

C. 在制动过程中，始终为常数

D. 在制动过程中，逐渐减小

【解析】答案：B

本题主要是考核汽车制动时车轮受力分析：汽车与地面的附着系数在制动过程中，随滑移率的变化而变化。

【鉴定点分布】相关知识→诊断与排除汽车底盘故障→诊断与排除汽车制动故障

97. 评价汽车制动效能用（　　）。

A. 制动减速度和制动距离　　B. 制动时间和制动距离

C. 制动减速度和制动时间　　D. 制动时的最大减速度

【解析】答案：A

本题主要是考核汽车制动效能：评价汽车制动效能的指标是制动减速度和制动距离。

【鉴定点分布】相关知识→诊断与排除汽车底盘故障→诊断与排除汽车制动故障

98. 下列可作为汽车制动效能评价指标的是（　　）。

A. 制动距离　　B. 制动释放时间

C. 制动时间　　D. 制动协调时间

【解析】答案：A

本题主要是考核汽车制动效能：汽车制动效能评价指标是制动距离和制动减速度。

【鉴定点分布】相关知识→诊断与排除汽车底盘故障→诊断与排除汽车制动故障

99. 汽车涉水后，制动效能（　　）。

A. 不受影响　　B. 下降　　C. 严重下降　　D. 不能恢复

【解析】答案：B

本题主要是考核汽车制动效能恒定性：汽车涉水后，制动效能下降。

【鉴定点分布】相关知识→诊断与排除汽车底盘故障→诊断与排除汽车制动故障

100. 下列关于汽车制动跑偏和制动侧滑的关系的说法中正确的是（　）。

A. 制动跑偏不会引起制动侧滑

B. 制动侧滑不会引起制动跑偏

C. 严重的制动跑偏会引起制动侧滑

D. 二者在概念上是一致的

【解析】答案：C

本题主要是考核汽车制动跑偏：严重的制动跑偏会引起制动侧滑。

【鉴定点分布】相关知识→诊断与排除汽车底盘故障→诊断与排除汽车制动故障

101. 汽车制动侧滑与（　　）有关。

A. 制动力大小　　B. 地面附着系数

C. 制动力增长快慢　　D. 同一轴上两车轮制动力的增长快慢

【解析】答案：B

本题主要是考核汽车制动侧滑：汽车制动侧滑与地面附着系数有关。

【鉴定点分布】相关知识→诊断与排除汽车底盘故障→诊断与排除汽车制动故障

102. 汽车等速行驶耗油量的测量使用（　　）。

A. 最高挡　　B. 最低挡　　C. 中间挡　　D. 任意挡

【解析】答案：A

本题主要是考核汽车燃料经济性的评价指标：使用最高挡测量汽车等速行驶耗油量。

【鉴定点分布】相关知识→诊断与排除汽车底盘故障→诊断与排除汽车制动故障

103. 在汽车车轮制动力增长全过程中，左、右车轮制动力之差与该车左右轮中制动力大者之比，对前轴不大于20%，对后轴不大于（　　）。

A. 30%　　B. 22%　　C. 18%　　D. 24%

【解析】答案：D

本题主要是考核汽车制动性检测项目及相关标准：在汽车车轮制动力增长全过程中，左、右车轮制动力之差与该车左右轮中制动力大者之比，对前轴不大于20%，对后轴不大于24%。

【鉴定点分布】相关知识→诊断与排除汽车底盘故障→诊断与排除汽车制动故障

104. 汽车液压制动个别车轮制动拖滞是由于（　　）。

A. 制动液太脏或黏度过大　　B. 制动踏板自由行程过小

C. 制动蹄片与制动鼓间隙过小　　D. 制动主缸旁通孔堵塞

【解析】答案：C

本题主要是考核制动系疑难故障判断与排除：汽车液压制动个别车轮制动拖滞是由于制动蹄片与制动鼓间隙过小造成的。

【鉴定点分布】相关知识→诊断与排除汽车底盘故障→诊断与排除汽车制动故障

105. 造成汽车气压制动拖滞故障的原因是（　　）。

A. 制动阀排气间隙过大

B. 车轮制动器回位弹簧折断或过软

C. 制动凸轮轴或制动蹄轴配合间隙过大

D. 气压过高

【解析】答案：B

本题主要是考核制动系疑难故障判断与排除：车轮制动器回位弹簧折断或过软，会造成汽车气压制动拖滞。

【鉴定点分布】相关知识→诊断与排除汽车底盘故障→诊断与排除汽车制动故障

106. 汽车制动解除时，若排气缓慢或不排气而造成全车制动鼓发热，应检查（　　）。

A. 制动气室　　B. 制动蹄回位弹簧

C. 制动操纵机构　　D. 储气筒

【解析】答案：C

本题主要是考核制动系疑难故障判断与排除：汽车制动解除时，若排气缓慢或不排气而造成全车制动鼓发热，应检查制动操纵机构。

【鉴定点分布】相关知识→诊断与排除汽车底盘故障→诊断与排除汽车制动故障

107. 目前国内车辆性能检测站所用制动检测设备多为（　　）。

A. 单轴反力式　　B. 二轴反力式

C. 多轴反力式　　D. 平板式

【解析】答案：A

本题主要是考核制动试验台的结构、原理与使用：目前国内车辆性能检测站所用制动检测设备多为单轴反力式。

【鉴定点分布】相关知识→诊断与排除汽车底盘故障→诊断与排除汽车制动故障

108. 汽车侧滑试验台使用（　　）后，须接受有关部门的检查以确保测试精度。

A. 6 个月　　B. 1 年　　C. 2 年　　D. 3 年

【解析】答案：B

本题主要是考核制动试验台的结构、原理与使用：汽车侧滑试验台使用 1 年后，须接受有关部门的检查以确保测试精度。

【鉴定点分布】相关知识→诊断与排除汽车底盘故障→诊断与排除汽车制动故障

109. 汽车前照灯检验仪光强的测量范围为（　　）cd。

A. 0～20 000　　B. 0～30 000

C. 0～40 000　　D. 0～50 000

【解析】答案：C

本题主要是考核前照灯检验仪的结构、原理与使用：汽车前照灯检验仪光强的测量范围为 0～40 000 cd。

【鉴定点分布】相关知识→诊断与排除汽车电气设备故障→诊断与排除汽车灯光系统故障

110. 汽车用示波器的波形显示的是（　　）的关系曲线。

A. 电流与时间　　B. 电压与时间

C. 电阻与时间　　D. 电压与电阻

【解析】答案：B

本题主要是考核示波器的结构、原理与使用：汽车用示波器的波形显示的是电压与时间的关系曲线。

【鉴定点分布】相关知识→诊断与排除汽车电气设备故障→诊断与排除汽车灯光系统故障

111. 发动机废气分析仪使用前，先接通电源预热（　　）min 以上。

A. 20　　B. 30　　C. 40　　D. 60

【解析】答案：B

本题主要是考核废气分析仪的结构、原理与使用：发动机废气分析仪使用前，先接通电源预热 30 min 以上。

【鉴定点分布】相关知识→诊断与排除汽车电气设备故障→诊断与排除汽车灯光系统故障

112. 汽车修理工艺过程不应包括（　　）。

A. 外部清洗　　B. 总成装配与调试

C. 总成件的采购　　D. 出厂检验

【解析】答案：C

本题主要是考核汽车修理工艺概念：汽车修理工艺主要包括以下几个过程：汽车验收和外部清洗、诊断检测、汽车解体、零件清洗、零件检验分类、零件修理、总成及部件装配试验、汽车总装试车、出厂检验和交车等。

【鉴定点分布】相关知识→发动机大修→编制发动机典型零部件修理工艺卡

113. 关于汽车修理工艺规程，说法错误的是（　　）。

A. 它是法定的技术文件

B. 一般保存在修理厂技术部门

C. 工艺规程就是指每一工序如何操作

D. 只写明总的要求

【解析】 答案：C

本题主要是考核汽车修理工艺规程概念：一种生产对象的工艺过程有若干种方案，在诸多方案中，通过对具体情况的分析（如工效、成本、质量等），选定某一最为合理的方案，将其内容用条文、图表等形式予以确定，并编写为文件，这就是工艺规程。它是法定的技术性文件，一般保存在技术部门作为技术档案。

工艺规程只写明总的要求，并不具体写明每一工序如何操作。根据工艺规程，再详细编写工艺卡片。

【鉴定点分布】 相关知识→发动机大修→编制发动机典型零部件修理工艺卡

114. 确定汽车修理工艺规程的原则，关于技术上先进性，甲说：“要尽量用新技术新工艺，采用先进检测手段，要不断增强自动化程度。”乙说：“不论条件，优先使用新技术新工艺。”说法不正确的是（　　）。

A. 甲　　B. 乙

C. 甲和乙　　D. 甲和乙都正确

【解析】 答案：C

本题主要是考核汽车修理工艺规程的制订原则：技术上的先进性，要求应尽量采用新技术、新工艺、新设备；采用先进的加工手段和检测手段；不断增强机械化和自动化程度。但要结合自己企业的实际情况，不能盲目追求技术上的先进性。要做到长期目标和近期目标相结合，先进性和可行性相结合。

【鉴定点分布】 相关知识→发动机大修→编制发动机典型零部件修理工艺卡

115. 汽车修理工艺卡片内容不包括（　　）。

A. 工序号　　B. 工作图　　C. 技术要求　　D. 注意事项

【解析】 答案：D

本题主要是考核汽车修理工艺卡：工艺卡的主要内容应包括工序号、工作图和技术要求等。

（1）工序号。工序号是按作业顺序编排的序号，以便各项作业有序实施，不发生错乱。

（2）工作图。工作图是标明零件或总成工作部位的图形，如检验图和装配图。它应在图中引线上注码标明其耗损部位或配合副之间的公差、间距、角度及方位等相互位置。

(3) 技术要求

1) 工艺规范。主要指用于工艺上的数据。如加工余量、零件清洗液成分、热处理温度及应达到的力学性能等。

2) 技术规范。主要指零件的尺寸、表面粗糙度及精度、配合副的公差等。

3) 性能条件。指装配中某部位的压力、转矩、工作性能及耗损极限条件等。

4) 其他要求。如指明所用的设备、夹具、刀具、量具和仪器的名称、型号；材料的型号、尺寸；完成工序所用的时间定额等。

【鉴定点分布】 相关知识→发动机大修→编制发动机典型零部件修理工艺卡

116. 发动机气缸套进行修理，采用的方法是（　）。

A. 修理尺寸法　　B. 压力加工法

C. 刷镀法　　D. 电镀法

【解析】 答案：A

本题主要是考核汽车修理方法：修理尺寸法是将配合件中较重要的零件或较难加工的零件进行机械加工，消除其工作表面的损伤和几何形状误差，使之具有正确的几何形状和新的基本尺寸——修理尺寸。依此修理尺寸制造与之配合的另一零件使二者具有原设计配合间隙值。

【鉴定点分布】 相关知识→发动机大修→编制发动机典型零部件修理工艺卡

117. 整体干式气缸套的加工余量一般为（　）mm。

A. 0.10～0.20　　B. 0.05～0.015

C. 0.05～0.10　　D. 0.15～0.25

【解析】 答案：A

本题主要是考核汽车修理方法：整体干式气缸套的加工余量一般为 0.10～0.20 mm。

【鉴定点分布】 相关知识→发动机大修→编制发动机典型零部件修理工艺卡

118. 发动机曲轴带轮轴颈径向圆跳动量使用极限为（　）mm。

A. 0.05　　B. 0.06　　C. 0.02　　D. 0.08

【解析】 答案：A

本题主要是考核汽车修理方法：发动机曲轴带轮轴颈径向圆跳动量使用极限为 0.05 mm。

【鉴定点分布】 相关知识→发动机大修→编制发动机典型零部件修理工艺卡

119. 汽油机铝活塞与气缸配合间隙的大修标准为（　）mm。

A. 0.08～0.10　　B. 0.20～0.25

C. 0.15～0.20　　D. 0.10～0.20

【解析】 答案：A

本题主要是考核汽车修理方法：汽油机铝活塞与气缸配合间隙的大修标准为0.08～0.10 mm。

【鉴定点分布】 相关知识→发动机大修→编制发动机典型零部件修理工艺卡

120. 关于零件草图，下面说法不正确的是（　　）。

A. 内容必须完整

B. 草图必须比例均匀

C. 零件的缺陷必须在草图上画出

D. 草图必须尺寸齐全。

【解析】 答案：C

本题主要是考核汽车修理方法。绘制零件草图，要求内容完整、比例均匀、尺寸齐全。

【鉴定点分布】 相关知识→发动机大修→编制发动机典型零部件修理工艺卡

121. 发动机曲轴轴承座孔轴线与气缸轴线应用（　　）误差评价。

A. 平行度　　B. 垂直度　　C. 同轴度　　D. 位置度

【解析】 答案：B

本题主要是考核汽车修理方法。发动机曲轴轴承座孔轴线与气缸轴线应用垂直度误差评价。

【鉴定点分布】 相关知识→发动机大修→编制发动机典型零部件修理工艺卡

122. 汽车修理的基本方法有（　　）种。

A. 四　　B. 两　　C. 三　　D. 五

【解析】 答案：B

本题主要是考核汽车修理方法。汽车修理的基本方法有两种：就车修理法和总成互换法。

【鉴定点分布】 相关知识→发动机大修→发动机总成大修

123. 汽车修理中，在一个工位完成全部修理工作，此作业方式为（　　）。

A. 固定工位作业法　　B. 流水作业法

C. 专业分工法　　D. 就车修理法

【解析】 答案：A

本题主要是考核汽车修理方法：固定工位作业法是指在一个工位完成全部修理工

作的方法。

【鉴定点分布】相关知识→发动机大修→发动机总成大修

124. 发动机曲轴飞轮组上的飞轮齿圈，如单面损坏可用（　　）方法修复。

A. 焊接　　B. 局部修复　　C. 堆焊　　D. 粘接

【解析】答案：B

本题主要是考核汽车修理方法：发动机曲轴飞轮组上的飞轮齿圈，如单面损坏可用局部修复方法修复。

【鉴定点分布】相关知识→发动机大修→发动机总成大修

125. 发动机气缸体各曲轴主轴承孔同轴度误差不应大于（　　）mm。

A. 0.10　　B. 0.12　　C. 0.15　　D. 0.20

【解析】答案：A

本题主要是考核汽车修理方法：发动机气缸体各曲轴主轴承孔同轴度误差不应大于0.10 mm。

【鉴定点分布】相关知识→发动机大修→发动机总成大修

126. 汽车零件检验、分类的技术标准项目不包括（　　）。

A. 零件的尺寸　　B. 内部隐伤

C. 硬度　　D. 仪具使用

【解析】答案：D

本题主要是考核汽车修理方法：汽车零件检验、分类的技术标准项目不包括仪具使用。

【鉴定点分布】相关知识→发动机大修→发动机总成大修

127. 发动机曲轴轴颈磨损检验用（　　）。

A. 游标卡尺　　B. 厚薄规　　C. 塑料塞尺　　D. 千分尺

【解析】答案：D

本题主要是考核汽车修理方法：曲轴轴颈的磨损通常都用外径千分尺来测量。每个轴颈测量两个截面，每个截面测量 3～4 个点的直径。将每次测量的直径记录下来，最后计算出曲轴各轴颈的圆度误差和圆柱度误差。

【鉴定点分布】相关知识→发动机大修→发动机总成大修

128. 检验发动机曲轴裂纹，方法最好选用（　　）。

A. 磁粉探伤法或渗透法　　B. 敲击法

C. 检视法　　D. 荧光探伤法

【解析】答案：A

本题主要是考核汽车修理方法：检验发动机曲轴裂纹，最好方法选用磁粉探伤法或渗透法。

【鉴定点分布】相关知识→发动机大修→发动机总成大修

129. 凸轮轴轴颈的圆度、圆柱度误差不得大于（　　）mm，否则应修磨恢复或更换。

A. 0. 010　　B. 0. 015　　C. 0. 020　　D. 0. 025

【解析】答案：B

本题主要是考核汽车修理方法：凸轮轴轴颈的圆度、圆柱度误差不得大于 0. 015 mm，否则应修磨恢复或更换。

【鉴定点分布】相关知识→发动机大修→发动机总成大修

130. 积炭最好采用（　　）进行清除。

A. 化学法　　B. 刮刀　　C. 铲刀　　D. 钢丝刷

【解析】答案：A

本题主要是考核汽车修理方法：消除积炭的最好方法是采用煤油等浸泡，通过发生化学反应消除。如果用铲刀、刮刀或钢丝刷等清除，容易造成零件损伤。

【鉴定点分布】相关知识→发动机大修→发动机总成大修

131. 装配尺寸链中对封闭环有影响的全部环称为组成环，下列（　　）不是组成环。

A. 增环　　B. 减环　　C. 补偿环　　D. 封闭环

【解析】答案：D

本题主要是考核汽车修理方法：装配尺寸链中对封闭环有影响的全部环称为组成环，封闭环不是组成环。

【鉴定点分布】相关知识→发动机大修→发动机总成大修

132. 气缸磨损圆度达到（　　）mm 为发动机大修送修标志。

A. 0. 050～0. 063　　B. 0. 075～0. 085

C. 0. 175～0. 250　　D. 0. 05～0. 10

【解析】答案：A

本题主要是考核汽车大修验收方法：发动机总成大修标志为：

气缸磨损后，其圆柱度达到 0. 175～0. 250 mm，圆度已达到 0. 050～0. 063 mm；最大功率或气缸压力较标准降低 25%以上；燃料和润滑油消耗量显著增加。

【鉴定点分布】相关知识→发动机大修→过程检验与竣工验收

133. 检验发动机气缸盖和气缸体裂纹，可用压缩空气压力为（　　）kPa，保持

5 min，无泄漏为好。

A. 294～392　　B. 192～294

C. 392～490　　D. 353～441

【解析】 答案：A

本题主要是考核汽车大修过程检验：检验发动机气缸盖和气缸体裂纹，可用压缩空气压力为 294～392 kPa，保持 5 min，无泄漏为好。

【鉴定点分布】 相关知识→发动机大修→过程检验与竣工验收

134. 发动机连杆轴承轴向间隙使用极限为（　　）mm。

A. 0.40　　B. 0.50　　C. 0.30　　D. 0.60

【解析】 答案：B

本题主要是考核汽车大修过程检验：发动机连杆轴承轴向间隙使用极限为 0.50 mm。

【鉴定点分布】 相关知识→发动机大修→过程检验与竣工验收

135. 柴油机活塞销座孔与活塞销的配合过盈是（　　）mm。

A. 0.005 0～0.007 5　　B. 0.001 5～0.005 0

C. 0.002～0.004　　D. 0.002 5～0.007 5

【解析】 答案：D

本题主要是考核汽车大修过程检验：柴油机活塞销座孔与活塞销的配合过盈是 0.002 5～0.007 5 mm。

【鉴定点分布】 相关知识→发动机大修→过程检验与竣工验收

136. 汽车发动机大修竣工后，允许（　　）有轻微响声。

A. 正时齿轮　　B. 活塞销　　C. 连杆轴承　　D. 曲轴轴承

【解析】 答案：A

本题主要是考核汽车大修竣工检验：汽车发动机大修竣工后，允许正时齿轮有轻微响声。

【鉴定点分布】 相关知识→发动机大修→过程检验与竣工验收

137. 冰点为−35℃的汽车冷却液为（　　）号。

A. −20　　B. −25　　C. −35　　D. −45

【解析】 答案：C

本题主要是考核汽车大修竣工检验：冰点为−35℃的汽车冷却液为−35 号。

【鉴定点分布】 相关知识→发动机大修→过程检验与竣工验收

138. 变速器变速叉端面磨损极限不大于（　　）mm。

A. 0.40　　B. 0.50　　C. 0.60　　D. 0.03

【解析】答案：A

本题主要是考核汽车修理方法：变速器变速叉端面磨损极限不大于0.4 mm。

【鉴定点分布】相关知识→汽车底盘大修→编制汽车底盘典型零部件修理工艺卡

139. 变速器齿轮工艺路线：下料→锻造→正火→机械加工→渗碳→淬火→低温回火→（　　）→精机械加工。

A. 喷丸处理　　B. 表面热处理

C. 镀铬　　D. 喷涂处理

【解析】答案：A

本题主要是考核汽车修理方法：变速器齿轮工艺路线为下料→锻造→正火→机械加工→渗碳→淬火→低温回火→喷丸处理→精机械加工。

【鉴定点分布】相关知识→汽车底盘大修→编制汽车底盘典型零部件修理工艺卡

140. 为便于加注润滑脂，汽车万向传动装置的十字轴上注油嘴的安装方向是（　　）。

A. 朝向传动轴管　　B. 朝向汽车前进方向

C. 必须朝向汽车后方　　D. 任意方向均可

【解析】答案：A

本题主要是考核汽车修理方法：汽车万向传动装置的十字轴上注油嘴的安装方向是朝向传动轴管。

【鉴定点分布】相关知识→汽车底盘大修→底盘总成大修

141. 汽车转向节最常见的断裂部位是（　　）。

A. 转向节上耳根部　　B. 转向节内外轴承轴颈之间

C. 转向节轴颈的根部　　D. 转向节下耳根部

【解析】答案：C

本题主要是考核汽车修理方法：汽车转向节最常见的断裂部位是转向节轴颈的根部。

【鉴定点分布】相关知识→汽车底盘大修→底盘总成大修

142. 循环球式转向器侧盖上的调整螺钉向里拧时啮合间隙（　　）。

A. 增大　　B. 减小　　C. 不变　　D. 不影响

【解析】答案：B

本题主要是考核汽车修理方法：循环球式转向器侧盖上的调整螺钉向里拧时啮合间隙减小。

【鉴定点分布】相关知识→汽车底盘大修→底盘总成大修

143. 为便于调整前轮前束，横拉杆两端每端应留出（　　）mm。

A. 5 ～10　　B. 10～15　　C. 15～20　　D. 8～12

【解析】答案：C

本题主要是考核汽车修理方法：为便于调整前轮前束，横拉杆两端每端应留出15～20 mm。

【鉴定点分布】相关知识→汽车底盘大修→底盘总成大修

144. 汽车变速器齿轮端面间隙可用（　　）进行检验。

A. 百分表　　B. 千分尺　　C. 塞尺　　D. 卡尺

【解析】答案：C

本题主要是考核汽车修理方法：汽车变速器齿轮端面间隙可用塞尺进行检验。

【鉴定点分布】相关知识→汽车底盘大修→底盘总成大修

145. 客车大修送修标志是（　　）。

A. 以车厢为主，结合发动机总成

B. 以发动机为主，结合车架总成

C. 以车架为主，结合两个总成

D. 只以车厢为标志

【解析】答案：A

本题主要是考核汽车修理方法：

汽车大修送修标志为：

(1) 载货汽车以发动机附离合器总成为主，结合车架或者两个及两个以上其他主要总成需大修时，即可组织整车大修。

(2) 客车以车身总成为主，结合发动机附离合器总成符合送修条件时，即可组织整车大修。

(3) 挂车大修送修标志是挂车车架（包括转盘）和货箱符合大修条件。

(4) 定车牵引的半挂车和铰接车，按照汽车大修的标志与牵引车同时进厂大修。

【鉴定点分布】相关知识→汽车底盘大修→底盘总成大修

146. 货车大修送修标志以（　　）为主。

A. 发动机　　B. 底盘　　C. 车身　　D. 电气设备

【解析】答案：A

本题主要是考核汽车修理方法：

汽车大修送修标志为：

（1）载货汽车以发动机附离合器总成为主，结合车架或者两个及两个以上其他主要总成需大修时，即可组织整车大修。

（2）客车以车身总成为主，结合发动机附离合器总成符合送修条件时，即可组织整车大修。

（3）挂车大修送修标志是挂车车架（包括转盘）和货箱符合大修条件。

（4）定车牵引的半挂车和铰接车，按照汽车大修的标志与牵引车同时进厂大修。

【鉴定点分布】相关知识→汽车底盘大修→底盘总成大修

147. 定车牵引的半挂车和铰接式大客车送修标志，按照（　　）的标志与牵引车同时进行大修。

A. 挂车车架大修　　B. 发动机大修

C. 汽车大修　　D. 车厢大修

【解析】答案：C

本题主要是考核汽车修理方法：

汽车大修送修标志为：

（1）载货汽车以发动机附离合器总成为主，结合车架或者两个及两个以上其他主要总成需大修时，即可组织整车大修。

（2）客车以车身总成为主，结合发动机附离合器总成符合送修条件时，即可组织整车大修。

（3）挂车大修送修标志是挂车车架（包括转盘）和货箱符合大修条件。

（4）定车牵引的半挂车和铰接车，按照汽车大修的标志与牵引车同时进厂大修。

【鉴定点分布】相关知识→汽车底盘大修→底盘总成大修

148. 汽车车架断裂、锈蚀、弯曲、扭曲变形等超限，大部分铆钉松动，或铆钉孔磨损严重，这是（　　）大修送修标志。

A. 变速器　　B. 车架　　C. 车身　　D. 前桥

【解析】答案：B

本题主要是考核汽车大修验收方法：汽车总成大修标志为：

（1）发动机总成。气缸磨损后，其圆柱度达到0.175～0.250 mm，圆度已达到0.050～0.063 mm；最大功率或气缸压力较标准降低25%以上；燃料和润滑油消耗量显著增加。

（2）车架总成。车架断裂、锈蚀、弯曲、扭曲变形超过极限，大部分铆钉松动或铆钉孔磨损，必须拆卸其他总成后才能进行校正、修理或重铆，才能修复。

（3）变速器（分动器）总成。壳体变形、破裂，轴承座孔磨损超过极限，变速器齿轮及轴恶性磨损、损坏等，需要彻底修复。

（4）后桥（驱动桥、中桥）总成。桥壳破裂、变形，半轴套管承孔磨损超过极限，主减速器齿轮恶性磨损，需要校正或恢复性修理。

（5）前桥总成。前轴裂纹、变形，主销承孔磨损超过极限，需要校正或彻底修复。

（6）客车车身总成。车厢骨架断裂、锈蚀、变形严重，蒙皮破损面积较大时，需要彻底修复。

（7）货车车身总成。驾驶室锈蚀、变形严重、破裂；货厢纵、横梁腐蚀，底板、栏板破损面积较大时，需要彻底修复。

【鉴定点分布】相关知识→汽车底盘大修→底盘总成大修

149. 汽车变速器大修送修标志是（　　）。

A. 壳体变形破裂　　B. 变速器漏油

C. 变速齿轮磨损　　D. 变速器跳挡

【解析】答案：A

本题主要是考核汽车大修验收方法：

汽车总成大修标志为：

（1）发动机总成。气缸磨损后，其圆柱度达到0.175～0.250 mm，圆度已达到0.050～0.063 mm；最大功率或气缸压力较标准降低25%以上；燃料和润滑油消耗量显著增加。

（2）车架总成。车架断裂、锈蚀、弯曲、扭曲变形超过极限，大部分铆钉松动或铆钉孔磨损，必须拆卸其他总成后才能进行校正、修理或重铆，才能修复。

（3）变速器（分动器）总成。壳体变形、破裂，轴承座孔磨损超过极限，变速器齿轮及轴恶性磨损、损坏等，需要彻底修复。

（4）后桥（驱动桥、中桥）总成。桥壳破裂、变形，半轴套管承孔磨损超过极限，主减速器齿轮恶性磨损，需要校正或恢复性修理。

（5）前桥总成。前轴裂纹、变形，主销承孔磨损超过极限，需要校正或彻底修复。

（6）客车车身总成。车厢骨架断裂、锈蚀、变形严重，蒙皮破损面积较大时，需要彻底修复。

（7）货车车身总成。驾驶室锈蚀、变形严重、破裂；货厢纵、横梁腐蚀，底板、栏板破损面积较大时，需要彻底修复。

【鉴定点分布】相关知识→汽车底盘大修→底盘总成大修

150. 以下（　　）不是汽车前桥总成的大修送修标志。

A. 转向节上的轴承损坏　　B. 前轴出现裂纹

C. 前轴变形严重　　D. 主销承孔磨损逾限

【解析】答案：A

本题主要是考核汽车大修验收方法：

汽车总成大修标志为：

(1) 发动机总成。气缸磨损后，其圆柱度达到 0.175～0.250 mm，圆度已达到 0.050～0.063 mm；最大功率或气缸压力较标准降低 25%以上；燃料和润滑油消耗量显著增加。

(2) 车架总成。车架断裂、锈蚀、弯曲、扭曲变形超过极限，大部分铆钉松动或铆钉孔磨损，必须拆卸其他总成后才能进行校正、修理或重铆，才能修复。

(3) 变速器（分动器）总成。壳体变形、破裂，轴承座孔磨损超过极限，变速器齿轮及轴恶性磨损、损坏等，需要彻底修复。

(4) 后桥（驱动桥、中桥）总成。桥壳破裂、变形，半轴套管承孔磨损超过极限，主减速器齿轮恶性磨损，需要校正或恢复性修理。

(5) 前桥总成。前轴裂纹、变形，主销承孔磨损超过极限，需要校正或彻底修复。

(6) 客车车身总成。车厢骨架断裂、锈蚀、变形严重，蒙皮破损面积较大时，需要彻底修复。

(7) 货车车身总成。驾驶室锈蚀、变形严重、破裂；货厢纵、横梁腐蚀，底板、栏板破损面积较大时，需要彻底修复。

【鉴定点分布】相关知识→汽车底盘大修→底盘总成大修

151. 客车车身总成大修送修的标志是（　　）。

A. 车身有轻微锈蚀　　B. 蒙皮破损

C. 车厢骨架变形严重　　D. 驾驶室锈蚀

【解析】答案：C

本题主要是考核汽车大修验收方法：

汽车总成大修标志为：

(1) 发动机总成。气缸磨损后，其圆柱度达到 0.175～0.250 mm，圆度已达到 0.050～0.063 mm；最大功率或气缸压力较标准降低 25%以上；燃料和润滑油消耗量显著增加。

(2) 车架总成。车架断裂、锈蚀、弯曲、扭曲变形超过极限，大部分铆钉松动或铆钉孔磨损，必须拆卸其他总成后才能进行校正、修理或重铆，才能修复。

(3) 变速器（分动器）总成。壳体变形、破裂，轴承座孔磨损超过极限，变速器齿轮及轴恶性磨损、损坏等，需要彻底修复。

(4) 后桥（驱动桥、中桥）总成。桥壳破裂、变形，半轴套管承孔磨损超过极限，主减速器齿轮恶性磨损，需要校正或恢复性修理。

(5) 前桥总成。前轴裂纹、变形，主销承孔磨损超过极限，需要校正或彻底修复。

(6) 客车车身总成。车厢骨架断裂、锈蚀、变形严重，蒙皮破损面积较大时，需要彻底修复。

(7) 货车车身总成。驾驶室锈蚀、变形严重、破裂；货厢纵、横梁腐蚀，底板、栏板破损面积较大时，需要彻底修复。

【鉴定点分布】 相关知识→汽车底盘大修→底盘总成大修

152. 车辆送修时，承修单位与送修单位应签订合同，商定送修要求、（　）等。

A. 修理车日和质量保证　　B. 修车时间

C. 修理材料　　D. 工艺卡片

【解析】 答案：A

本题主要是考核汽车大修验收方法：汽车总成大修其他规定：

(1) 车辆总成及车辆送修时，承修方与送修方应签订合同，商定送修要求、修理车日和质量保证等。合同签订后必须严格执行。

(2) 车辆送修时，应具备行驶功能，装备齐全，不得拆换。

(3) 总成送修时，应在装合状态，附件、零件均不得拆换和短缺。

(4) 肇事车辆或因特殊原因不能行驶和短缺零部件的车辆，在签订合同时，应作出相应的规定和说明。

(5) 车辆和总成送修时，应将车辆和总成的有关技术档案一并送承修方。

【鉴定点分布】 相关知识→汽车底盘大修→底盘总成大修

153. 对于送厂大修的汽车进厂检验，下面说法不正确的是（　）。

A. 应察看气缸体有无漏水　　B. 不必察听正时齿轮有无异响

C. 不必检查油量的多少　　D. 应察听有无爆燃声

【解析】 答案：B

本题主要是考核汽车大修验收方法：

进厂大修的汽车，进厂时应进行检验，检验的项目有：

(1) 了解。汽车行驶里程，经过几次维护修理，最后一次维修的内容，大致汽车故障征兆等。

(2) 汽车的外观检查。汽车外部是否有损伤现象，各种零件是否齐全，确定基础件磨损情况，重点检查安全机构（转向、传动、制动、车架），轮胎检测。

(3) 行驶检查。仪表（水温、油压等），汽车起步（离合器、变速器），汽车行驶中（制动、转向、变速器等）。

【鉴定点分布】 相关知识→汽车底盘大修→底盘总成大修

154. 汽车车架弯曲检验，要求纵梁上平面直线度误差为每 100 mm 长度不大于（　）mm。

A. 5　　B. 4　　C. 3　　D. 2

【解析】答案：C

本题主要是考核汽车大修过程检验：汽车车架弯曲检验，要求纵梁上平面直线度误差为每 100 mm 长度不大于 3 mm。

【鉴定点分布】相关知识→汽车底盘大修→底盘总成大修

155. 汽车空调压缩机泄漏检查方法有多种，下列（　　）不能采用。

A. 卤化器检测器　　B. 电子检漏器

C. 肥皂泡　　D. 水压法

【解析】答案：D

本题主要是考核汽车大修过程检验：汽车空调压缩机泄漏检查方法主要有卤化器检测器、电子检漏器、肥皂泡等。

【鉴定点分布】相关知识→汽车电气设备修理→空调系统的修理

156. 点火正时灯是（　　）测量点火提前角的测量仪表。

A. 静态　　B. 动态　　C. 怠速　　D. 加速

【解析】答案：B

本题主要是考核汽车大修竣工检验：点火正时灯是动态测量点火提前角的测量仪表。

【鉴定点分布】相关知识→汽车电气设备修理→充电系统的修理

157.（　　）的作用就是利用二极管的单向导电性，通过三相桥式整流电路，将电枢绕组产生的三相交流电转换成直流电。

A. 发电机　　B. 起动机　　C. 调节器　　D. 整流器

【解析】答案：D

本题主要是考核整流器的作用：整流器的作用就是利用二极管的单向导电性，通过三相桥式整流电路，将电枢绕组产生的三相交流电转换成直流电。其中二极管的导通原则为：电枢绕组输出的三相交流电，在某一瞬间，有一相电压最高，同时还有一相电压最低，接在电压最高相线上的二极管获得正向电压导通。同时，接在电压最低相线上的二极管获得正向电压导通（其余四个二极管皆因承受反向电压而截止）。由于这两个二极管的导通，整流器的“+”端电位最高，“—”端电位最低，将电机两相线之间的电压（线电压）加在负载 R 上。

【鉴定点分布】相关知识→汽车电气设备修理→充电系统的修理

158. 交流发电机的（　　）是产生交流电动势的。

A. 定子　　B. 转子　　C. 铁芯　　D. 线圈

【解析】答案：A

本题主要是考核发电机及调节器的结构和工作原理：发电机定子总成由铁芯和定子绕组组成。固定的定子绕组切割转子产生的旋转磁场（磁力线），定子绕组上就产生交流电动势。

【鉴定点分布】相关知识→汽车电气设备修理→充电系统的修理

159. 汽车起动机电磁开关通电，活动铁芯完全吸入驱动齿轮时，驱动齿轮与止推环之间的间隙一般为（　　）mm。

A. 1.5～2.5　　B. 5　　C. 5～10　　D. 5～7

【解析】答案：B

本题主要是考核起动机的结构和工作原理：汽车起动机电磁开关通电，活动铁芯完全吸入驱动齿轮时，驱动齿轮与止推环之间的间隙一般为 5 mm。

【鉴定点分布】相关知识→汽车电气设备修理→起动系统的修理

160. 在汽车制冷循环系统中，被吸入压缩机的制冷剂是（　　）状态。

A. 低压液体　　B. 高压液体　　C. 低压气体　　D. 固体

【解析】答案：C

本题主要是考核空调的组成和工作原理。汽车空调制冷原理如下：

(1) 用户按操作程序起动汽车空调系统之后，压缩机在发动机带动下开始工作，驱使制冷剂在密封的空调系统中循环流动，压缩机将气态制冷剂压缩成高温高压的制冷剂气体后排出压缩机。

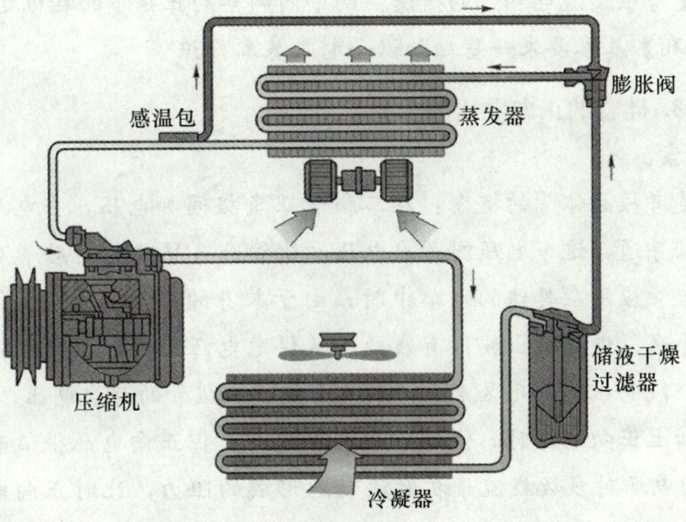

空调制冷原理

(2) 高温高压制冷剂气体经管路流入冷凝器后，在冷凝器内散热、降温，冷凝成高温高压的液态制冷剂流出。

（3）高温高压液态制冷剂经管路进入干燥储液器内，经过干燥、过滤后流进膨胀阀。

（4）高温高压液态制冷剂经膨胀阀节流，状态发生急剧变化，变成低温低压的液态制冷剂。

（5）低温低压液态制冷剂立即进入蒸发器内，在蒸发器内吸收流经蒸发器的空气热量，使空气温度降低，吹出冷风，产生制冷效果，制冷剂本身因吸收了热量而蒸发成低温低压的气态制冷剂。

（6）低温低压的气态制冷剂经管路被压缩机吸入，进行压缩，进入下一个循环。

【鉴定点分布】 相关知识→汽车电气设备修理→空调系统的修理

二、判断题（将判断结果填入括号中。正确的填"√"，错误的填"×"。每题0.5分，满分20分）

（　）161. 在串联电路中，每个电阻消耗的功率与电阻值成正比。

【解析】 答案：√

本题主要是考核功率的概念：$P=I^2R$，串联电路中每个电阻流过的电流相等。

【鉴定点分布】 基本要求→基础知识→电工基本知识

（　）162. 通常把两个同频率的正弦量的相位之差称为相位差。

【解析】 答案：√

本题主要是考核交流电相位的概念：两个同频率的正弦量的相位之差称为相位差。

【鉴定点分布】 基本要求→基础知识→电工基本知识

（　）163. 硅管的正向电压为0.2 V。

【解析】 答案：×

本题主要是考核晶体管的概念：在二极管正负极间加电压，当电压大于一定的范围时二极管开始导通，这个电压叫开启电压。锗管0.3 V左右，硅管0.7 V左右。死区电压是指二极管应用在具体的电路中时，由于本身的压降，也就是供电电压小于一定的范围时不导通，造成输出波形有残缺，从供电电压经过零点直到输出波形残缺消失的时候，这一段电压就是死区电压，本质上就是二极管的开启电压。

当二极管加上正向电压时，便有正向电流通过。但正向电压很低时，外电场还不能克服PN结内电场对多数载流子扩散运动所形成的阻力，此时正向电流很小，二极管呈现很大的电阻。当正向电压超过一定数值（硅管约0.5 V，锗管约0.1 V）后，二极管电阻变得很小，电流增长很快。这个电压往往称死区电压。

理想二极管：死区电压=0，正向压降=0。

实际二极管：死区电压为0.5 V，正向压降为0.6～0.7 V（硅二极管）。

锗管死区电压约0.1 V，正向压降为0.2～0.3 V。

【鉴定点分布】基本要求→基础知识→电工基本知识

（　　）164. 半导体三极管具有放大作用。

【解析】答案：√

本题主要是考核晶体管的概念：三极管工作状态有放大、饱和、截止三种，其中又以放大状态最为复杂，主要用于小信号的放大领域，常用的三极管放大电路形式有：共发射极放大电路，共集电极放大电路，共基极放大电路三种，其中共集电路用于电流放大（功率放大），共基电路用于高频放大，共射电路用于低频放大。

【鉴定点分布】基本要求→基础知识→电工基本知识

（　　）165. 电控发动机进气压力传感器装备在D型EFI上。

【解析】答案：√

本题主要是考核传感器的概念：在L型EFI系统中，采用装在空气滤清器后的空气流量计（空气流量传感器）直接测量发动机吸入的进气量。其测量的准确度高于D型EFI系统，可以精确控制空燃比。“L”是德文“空气”的第一个字母。

D型EFI系统是根据进气歧管压力传感器进行检测。由于进气管内的空气压力在波动，所以控制的测量精度稍微差些。“D”是德文“压力”的第一个字母。

【鉴定点分布】基本要求→基础知识→汽车电气设备与电子控制装置

（　　）166. 大修后发动机的功率不应小于原车功率的90%。

【解析】答案：√

本题主要是考核发动机大修竣工检验：大修后发动机的功率不应小于原车功率的90%。

【鉴定点分布】相关知识→发动机大修→过程检验与竣工验收

（　　）167. 碳烟是柴油机排放的主要有害成分之一。

【解析】答案：√

本题主要是考核柴油机排放的检测：在理想燃烧条件下，柴油机燃烧产物中的成分是二氧化碳CO_2、水蒸气H_2O、氮气N_2和过量的氧气O_2，这些成分基本上都是无害的。但是，由于实际燃烧过程受到诸如柴油品质与雾化质量、燃烧室内换气条件、可燃混合气形成速度以及燃烧室结构等因素的制约，柴油机燃烧产物中除含有上述无害的主要成分外，还会含有少量的一氧化碳CO、未燃碳氢HC、氢、氮氧化物(NO_x)及碳烟等有害成分。柴油机的这些有害排放对人们的呼吸器官、神经系统等有较强的毒害作用，同时也会恶化生态环境。

【鉴定点分布】相关知识→发动机大修→过程检验与竣工验收

（　）168. 汽车用 PCV 阀曲轴箱通风装置控制曲轴箱污染。

【解析】答案：√

本题主要是考核 PCV 阀的组成及功用：PCV 阀由阀体、阀门、阀盖、弹簧组成，不可分解。其主要作用是：将曲轴箱内的气体通过 PCV 阀导入进气歧管，并有少量的空气由空气滤清器经 PCV 阀直接进入进气歧管，这就避免了节气门处结冰、燃烧不充分、排放恶化等现象。防止窜气进入大气，同时防止机油变质。

【鉴定点分布】相关知识→发动机大修→过程检验与竣工验收

（　）169. 汽车零部件或总成拆卸时应注意各部装配标记，防止破坏。

【解析】答案：√

本题主要是考核修理工艺规程：汽车零部件或总成拆卸时应注意各部装配标记，防止破坏。

【鉴定点分布】相关知识→汽车大修→编制各总成主要零部件的修理工艺卡

（　）170. 汽车修理工艺规程的经济合理性，应先考虑新技术和修理质量。

【解析】答案：×

本题主要是考核零件修复工艺规程制定的原则和方法：经济上的合理性，在保证修理质量的前提下，要考虑企业的经济效益。尽可能降低修理成本，节约开支，修旧利废，降低消耗，加强管理，革新挖潜，延长零件的使用寿命，增加大修间隔里程。

【鉴定点分布】相关知识→汽车大修→编制各总成主要零部件的修理工艺卡

（　）171. 汽车修理工艺卡片包括拆卸工艺、技术检验工艺等综合工艺卡片。

【解析】答案：×

本题主要是考核汽车修理工艺卡：汽车修理工艺的内容复杂，工序较多，工艺卡片很难做成统一的形式，一般根据不同工种或作业性质制成不同的工艺卡片。如拆卸工艺卡片、检验工艺卡片、零件修复工艺卡片、调试工艺卡片、装配工艺卡片等单一形式。也有把零件或总成编制成检、修、调、装、试的综合卡片形式。

【鉴定点分布】相关知识→汽车大修→编制各总成主要零部件的修理工艺卡

（　）172. 采用焊接法修补发动机缸体裂纹，需先钻出止裂孔。

【解析】答案：√

本题主要是考核气缸的修理工艺：采用焊接法修补发动机缸体裂纹，需先钻出止裂孔。

【鉴定点分布】相关知识→汽车大修→编制各总成主要零部件的修理工艺卡

（　）173. 发动机曲轴前端定位基准孔的锥面必须完好，螺纹损伤不多于2牙。

【解析】 答案：√

本题主要是考核曲轴修理技术标准：发动机曲轴前端定位基准孔的锥面必须完好，螺纹损伤不多于2牙。

【鉴定点分布】 相关知识→汽车大修→编制发动机典型零部件的修理工艺卡

（　）174. 汽车变速器齿轮应有足够高强度和韧性以及一定疲劳强度。

【解析】 答案：×

本题主要是考核变速器齿轮的材料及热处理工艺：变速器齿轮是依靠本身的结构尺寸和材料强度来承受外载荷的，这就要求材料具有较高强度、韧性和耐磨性；由于齿轮形状复杂，齿轮精度要求高，还要求材料工艺性好。

【鉴定点分布】 相关知识→汽车底盘大修→底盘总成大修

（　）175. 现在球墨铸铁作为发动机曲轴材料得到广泛使用，是因为价格低并能满足各项性能要求。

【解析】 答案：√

本题主要是考核曲轴的材料及热处理工艺：球墨铸铁作为发动机曲轴材料得到广泛使用，是因为价格低并能满足各项性能要求。

【鉴定点分布】 相关知识→发动机大修→编制发动机典型零部件的修理工艺卡

（　）176. 发动机气缸体检验，其曲轴轴承孔轴心线与凸轮轴轴承孔轴心线的平行度误差应进行检测。

【解析】 答案：√

本题主要是考核汽车零件位置误差的检验方法和检具：发动机气缸体检验，应检测曲轴轴承孔轴心线与凸轮轴轴承孔轴心线的平行度误差。

【鉴定点分布】 相关知识→发动机大修→发动机总成大修

（　）177. 就车修理法适用于车型单一，且易保证质量的修理厂。

【解析】 答案：×

本题主要是考核汽车修理基本方法：汽车修理过程中，从汽车上拆下的零件、组合件及总成，除报废的更换外，其余修理后仍装回原车，此法为就车修理法。

采用总成互换修理法时，企业承修的车辆必须车型单一，而且互换总成的修理质量必须达到统一的修理标准。

【鉴定点分布】 相关知识→发动机大修→编制发动机典型零部件修理工艺卡

（　）178. 发动机气缸体轴承孔同轴度的检测可通过百分表读取。

【解析】 答案：√

本题主要是考核汽车零件检验技术标准：发动机气缸体轴承孔同轴度的检测可通过百分表读取。

【鉴定点分布】 相关知识→发动机大修→发动机总成大修

（　）179. 发动机连杆如有弯曲和扭曲变形，校正时应先校正弯曲，后校正扭曲。

【解析】 答案：√

本题主要是考核连杆的校正注意事项：当连杆出现既弯曲又扭曲时，应先校正弯曲，再校正扭曲。

【鉴定点分布】 相关知识→发动机大修→发动机总成大修

（　）180. 发动机曲轴圆度和圆柱度误差检测既可用游标卡尺也可用千分尺。

【解析】 答案：×

本题主要是考核曲轴的修理：发动机曲轴圆度和圆柱度误差检测只能用千分尺，不能用游标卡尺。

【鉴定点分布】 相关知识→发动机大修→发动机总成大修

（　）181. 通常发动机凸轮轴只可修磨一次，应尽可能在凸轮轴磨床上修磨。

【解析】 答案：×

本题主要是考核凸轮轴的修理：同一根凸轮轴的各支承轴颈的直径应修磨为同一级修理尺寸。分级修理尺寸见下表。

凸轮轴支承轴颈分级修理尺寸

级别	0	1	2	3	4	5	6
轴颈直径缩小量（mm）	0	0.10	0.20	0.30	0.40	0.50	0.60

【鉴定点分布】 相关知识→发动机大修→发动机总成大修

（　）182. 装配尺寸链是指在装配过程中，各零件相互关联的尺寸彼此连接，构成封闭外形的总称。

【解析】 答案：√

本题主要是考核总成装配的概念：装配尺寸链是指在装配过程中，各零件相互关联的尺寸彼此连接，构成封闭外形的总称。

【鉴定点分布】 相关知识→发动机大修→发动机总成大修

（　）183. 经过修理的汽车传动轴，由于零件按照技术要求经过了严格的检验，因此装复后不需要进行动平衡试验。

【解析】 答案：×

本题主要是考核传动轴装配技术要求：经过修理的汽车传动轴，虽然零件按照技术要求经过了严格的检验，但是装复后还必须进行动平衡试验。

【鉴定点分布】相关知识→汽车底盘大修→过程检验及竣工验收

（ ）184. 机械循环球式转向器螺杆螺母总成分解时，应作出标记，标出螺杆装入螺母的方向。

【解析】答案：√

本题主要是考核转向器装配技术要求：机械循环球式转向器螺杆螺母总成分解时，应作出标记，标出螺杆装入螺母的方向。

【鉴定点分布】相关知识→汽车底盘大修→底盘总成大修

（ ）185. 汽车车轮制动器间隙的调整应在轮毂轴承预紧度调好后进行。

【解析】答案：√

本题主要是考核制动系统装配技术要求：汽车车轮制动器间隙的调整应在轮毂轴承预紧度调好后进行。

【鉴定点分布】相关知识→汽车底盘大修→底盘总成大修

（ ）186. 装配自动变速器各部件前，应用206 kPa干燥洁净的压缩空气对各油孔依次吹入压缩空气进行检验。

【解析】答案：√

本题主要是考核自动变速器装配技术要求：装配自动变速器各部件前，应用206 kPa干燥洁净的压缩空气对各油孔依次吹入压缩空气进行检验。

【鉴定点分布】相关知识→汽车底盘大修→过程检验及竣工验收

（ ）187. 定车牵引的半挂车和铰接式大客车大修标志按照汽车大修的标志或牵引车进厂大修。

【解析】答案：×

本题主要是考核汽车大修送修标志：定车牵引的半挂车和铰接车，按照汽车大修的标志与牵引车同时进厂大修。

【鉴定点分布】相关知识→汽车底盘大修→过程检验及竣工验收

（ ）188. 汽车变速器齿轮及轴严重磨损是变速器总成大修送修标志之一。

【解析】答案：√

本题主要是考核变速器总成大修送修标志：壳体变形、破裂，轴承座孔磨损超过极限，变速器齿轮及轴恶性磨损、损坏等，需要彻底修复。

【鉴定点分布】相关知识→汽车底盘大修→过程检验及竣工验收

（ ）189. 车辆和总成送修时，应将车辆和总成的有关汽车说明书一并送承修单位。

【解析】答案：×

本题主要是考核总成大修送修规定：车辆和总成送修时，应将车辆和总成的有关技术档案一并送到承修单位。

【鉴定点分布】相关知识→汽车底盘大修→过程检验及竣工验收

（　）190. 发动机总成或汽车其他总成大修竣工后应安装限速装置。

【解析】答案：√

本题主要是考核发动机大修过程检验：发动机总成或汽车其他总成大修竣工后应安装限速装置。

【鉴定点分布】相关知识→发动机大修→过程检验及竣工验收

（　）191. 汽车路试后，各部运行温度正常，各处应无漏电、漏水、漏气、漏油现象。

【解析】答案：√

本题主要是考核汽车大修竣工的各项技术性能检查：汽车路试后，各部运行温度正常，各处应无漏电、漏水、漏气、漏油现象。

【鉴定点分布】相关知识→发动机大修→过程检验及竣工验收

（　）192. 汽车使用−45 号发动机冷却液，其冷却液沸点能达到 105℃。

【解析】答案：×

本题主要是考核发动机冷却液安全使用条件：汽车使用−45 号发动机冷却液，其冷却液沸点能达到 108℃。

【鉴定点分布】相关知识→发动机大修→过程检验及竣工验收

（　）193. 耗油率 g_e 小表明发动机经济较好。

【解析】答案：√

本题主要是考核发动机的性能指标：耗油率 g_e 小表明发动机经济较好。

【鉴定点分布】相关知识→发动机大修→过程检验及竣工验收

（　）194. 车辆定期检测是汽车检测站纳入车辆技术管理组织的主要依据。

【解析】答案：√

本题主要是考核车辆检测：车辆定期检测是汽车检测站纳入车辆技术管理组织的主要依据。

【鉴定点分布】相关知识→汽车底盘大修→过程检验及竣工验收

（　）195. 汽车驱动力大小与轮胎气压大小有关。

【解析】答案：√

本题主要是考核汽车行驶的驱动力：要使汽车运动，必须在汽车行驶方向作用一个推动力，以克服汽车行驶中遇到的各种阻力，这个推动力称为驱动力，也叫牵引力。而汽车在不同路面状况和不同的工况下运行时，受到的阻力有滚动阻力、空气阻力、上坡阻力和加速阻力。

车轮滚动时，由于轮胎与路面之间的摩擦以及轮胎和路面各自的变形产生的阻力就是滚动阻力。只要汽车运动，滚动阻力就存在，其大小与汽车的总质量、路面性质、轮胎的结构及气压等有关。

【鉴定点分布】相关知识→汽车底盘大修→过程检验及竣工验收

（　）196. 汽车涉水后，为确保行车安全，应踩几次制动踏板。

【解析】答案：√

本题主要是考核汽车制动性能：汽车涉水后，为确保行车安全，应踩几次制动踏板。

【鉴定点分布】相关知识→诊断与排除汽车底盘故障→诊断与排除汽车制动故障

（　）197. 子午线胎和斜交胎能混用。

【解析】答案：×

本题主要是考核汽车的平顺性：子午线胎和斜交胎不能混用。

【鉴定点分布】相关知识→诊断与排除汽车底盘故障→诊断与排除轮胎故障

（　）198. 汽车底盘输出最大驱动力功率一般简称底盘输出最大功率。

【解析】答案：√

本题主要是考核汽车动力性的检测：汽车底盘输出最大驱动力功率一般简称底盘输出最大功率。

【鉴定点分布】相关知识→汽车底盘大修→过程检验与竣工验收

（　）199. 汽车前照灯检验仪一般应安在自动检测线的中间工位上。

【解析】答案：√

本题主要是考核前照灯检验仪：汽车前照灯检验仪一般应安在自动检测线的中间工位上。

【鉴定点分布】相关知识→诊断与排除汽车电气设备故障→诊断与排除汽车灯光系统故障

（　）200. 汽车侧滑试验台需要定期进行检定和调整，以保证测试工作的可靠性。

【解析】答案：√

本题主要是考核侧滑试验台：汽车侧滑试验台需要定期进行检定和调整，以保证测试工作的可靠性。

【鉴定点分布】相关知识→汽车底盘大修→过程检验及竣工验收

高级汽车修理工理论知识考试试卷（二）及其详解

一、单项选择题（下列答案中只有一个是正确的，请将正确答案的序号填在括号内。每题0.5分，总计80分）

1. 下列选项中属于职业道德范畴的是（　　）。

A. 企业经营业绩　　B. 企业发展战略

C. 员工的技术水平　　D. 人们的内心信念

【解析】答案：D

本题主要是考核职业道德的定义：由于职业道德是道德原则和行为规范的总和，而人们的内心信念属于行为规范的范畴，其他三项不属于。因此选择第四项。

【鉴定点分布】基本要求→职业道德及相关法律知识→职业道德基础知识

2. 市场经济条件下，（　　）是职业道德社会功能的重要表现。

A. 克服利益导向　　B. 遏制牟利最大化

C. 增强决策科学化　　D. 促进员工行为的规范化

【解析】答案：D

本题主要是考核职业道德的功能：职业道德具有调节职业交往中的矛盾，促进行业发展、规范员工行为、维护行业信誉、融洽人际关系、提高社会道德素质的作用。

【鉴定点分布】基本要求→职业道德及相关法律知识→职业道德基础知识

3. 下列选项中属于企业文化功能的是（　　）。

A. 体育锻炼　　B. 凝聚功能　　C. 歌舞娱乐　　D. 社会交际

【解析】答案：B

本题主要是考核企业文化的功能：企业文化具有五大功能：导向功能、约束功能、凝聚功能、激励功能和辐射功能。

【鉴定点分布】基本要求→职业道德及相关法律知识→职业道德基础知识

4. 职业道德对企业起到（　　）的作用。

A. 增强员工独立意识　　B. 抹和企业上级与员工关系

C. 使员工规规矩做事情　　D. 增强企业凝聚力

【解析】 答案：D

本题主要是考核职业道德对企业的作用：职业道德通过企业文化加以引导，结合企业规章制度予以约束，并组织员工活动增强员工的归属感，来增强企业凝聚力。

【鉴定点分布】 基本要求→职业道德及相关法律知识→职业道德基础知识

5. 在职业交往活动中，符合仪表端庄具体要求的是（　　）。

A. 着装华贵　　B. 鞋袜等搭配合理

C. 饰品俏丽　　D. 发型要突出个性

【解析】 答案：B

本题主要是考核职业道德对人在社会活动中的行为要求：人们在社会活动中，说话大方，穿着得体，不穿奇装异服，不着装华丽。发型自然，要符合人的身份特点。

【鉴定点分布】 基本要求→职业道德及相关法律知识→职业道德基础知识

6. 在公私关系上，符合办事公道的具体要求是（　　）。

A. 公私分开　　B. 假公济私　　C. 公平公正　　D. 先公后私

【解析】 答案：C

本题主要是考核办事公道的基本概念及要求：办事公道就是要公平公正，不徇私舞弊，不假公济私。先公后私或先私后公都是不对的。

【鉴定点分布】 基本要求→职业道德及相关法律知识→职业道德基础知识

7. 一般金属材料的阻值（　　）。

A. 随温度的升高而下降　　B. 随温度的升高而升高

C. 变化不定　　D. 与温度无关

【解析】 答案：B

本题主要是考核电阻的概念：金属就是具有正的电阻温度系数的物质，也就是说，只有金属的电阻随着温度的升高而增加，其他物质都不是。

【鉴定点分布】 基本要求→基础知识→电工基本知识

8. 有一台 220 V、750 W 的取暖器，接在 220 V 的电源上工作 2 h，它将消耗电能（　　）kW·h。

A. 0.75　　B. 1.5　　C. 2.25　　D. 3

【解析】 答案：B

本题主要是考核功的概念：$W=750\times2=1\ 500\ \text{W}\cdot\text{h}=1.5\ \text{kW}\cdot\text{h}$

【鉴定点分布】 基本要求→基础知识→电工基本知识

9. 由欧姆定律变换式 $R=U/I$ 可知（　　）。

A. 导体的电阻与电压成正比，与电流成反比

B. 加在导体两端端电压越大，则电阻越大

C. 通过导体的电流越小，则电阻越大

D. 加在导体两端的电压和通过的电流的比值为常数

【解析】 答案：D

本题主要是考核电阻概念：金属材料的电阻 $R=\rho\dfrac{L}{S}$，只和金属材料的电阻率、长度和横截面积有关，和电压、电流没有关系。

【鉴定点分布】 基本要求→基础知识→电工基本知识

10. 通电线圈插入铁芯后，它的磁感应强度将（　　）。

A. 增强　　B. 减弱　　C. 不变　　D. 不定

【解析】 答案：A

本题主要是考核电磁感应现象：无论闭合电路的一部分在磁场中做切割磁力线运动，还是条形磁铁插入或拔出闭合回路的线圈，都是由于通过闭合回路的磁通量发生变化，在闭合回路上产生感生电流，把这种现象称为电磁感应现象。

【鉴定点分布】 基本要求→基础知识→电工基本知识

11. 通电导体在磁场中所受磁场力最大时，它和磁力线的夹角应是（　　）。

A. 0°　　B. 45°　　C. 90°　　D. 120°

【解析】 答案：C

本题主要是考核磁场对电流的作用：根据 $F=BIL\sin\alpha$ 得知，只有 $\sin\alpha=1$，$\alpha=90°$时，F 最大。

【鉴定点分布】 基本要求→基础知识→电工基本知识

12. 在纯电阻元件交流电路中，电压和电流的相位差 $\Phi=\Phi_u-\Phi_i$ 是（　　）。

A. 0°　　B. 45°　　C. 90°　　D. 180°

【解析】 答案：A

本题主要是考核交流电基础知识：在纯电阻电路中，电流与电压的瞬时值、最大值、有效值都符合欧姆定律。电压与电流同相位。

$$u=U_m\sin\omega t$$

$$i=\frac{u}{R}=\frac{U_m\sin\omega t}{R}$$

$$I_m=\frac{U_m}{R}$$

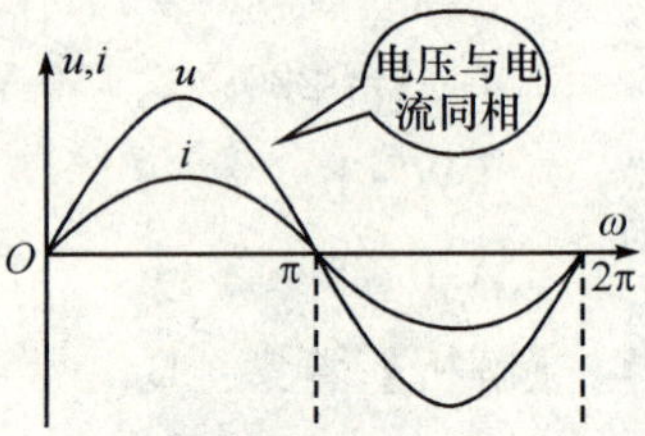

波形图

$$I=\frac{U}{R}$$

【鉴定点分布】 基本要求→基础知识→电工基本知识

13. 硅管的正向电压为（　　）V。

A. 0.7　　B. 0.2　　C. 0.3　　D. 0.4

【解析】 答案：A

本题主要是考核晶体管知识：硅管的导通电压一般为 0.7 V，这是由硅半导体的掺杂浓度和制造工艺而定的，硅杂质半导体的 PN 节内场电压为 0.7 V，所以要加反向 0.7 V 的电压才能使其导通。

【鉴定点分布】 基本要求→基础知识→电工基本知识

14. 万用表黑表笔接基极，红表笔和另外两电极相接，若测得电阻都很小，则为（　　）型三极管。

A. NPN　　B. PNP　　C. NNN　　D. PPP

【解析】 答案：A

本题主要是考核三极管的测量：用万用表 $R\times100$ 挡或 $R\times1$ k 挡，分别测量各管脚间的电阻，必有一只脚对其他两只脚的电阻值相近，那么这只脚即是基极。如果红表头接基极，测得其他两脚电阻都小，则这只管子是 PNP 型，如果测得电阻都很大，则这只管子是 NPN 型；如果黑表笔接基极情况正好相反。

【鉴定点分布】 基本要求→基础知识→电工基本知识

15. （　　）回路是实现液压放大的回路。

A. 调压　　B. 减压　　C. 增压　　D. 换向

【解析】 答案：C

本题主要是考核液压回路知识：增压回路是实现液压放大的回路。

【鉴定点分布】 基本要求→基础知识→液压传动

16. 液压传动（　　）过载保护。

A. 易于　　B. 不易　　C. 难于　　D. 不可能

【解析】 答案：A

本题主要是考核液压传动的特点：液压传动易于过载保护。

【鉴定点分布】 基本要求→基础知识→液压传动

17. 自卸车的举升系统属于（　　）式液压传动。

A. 动力　　B. 容积　　C. 压力　　D. 体积

【解析】 答案：B

本题主要是考核液压传动在汽车上的应用：自卸车的举升系统属于容积式液压传动。

【鉴定点分布】 基本要求→基础知识→液压传动

18. 双柱托举式举升器属于（ ）举升器。

A. 车下顶举式　　B. 局部

C. 车侧托举式　　D. 车上顶举式

【解析】 答案：C

本题主要是考核汽车举升器的分类及使用：双柱托举式举升器属于车侧托举式举升器。

【鉴定点分布】 基本要求→基础知识→汽车维修机具性能和使用

19. （ ）平衡机按静平衡原理工作。

A. 就车式　　B. 离车式　　C. 液压式　　D. A或B

【解析】 答案：A

本题主要是考核车轮平衡机的分类及使用：车轮平衡机有汽车车轮就车平衡机和车下车轮平衡机之分。都是用来检测与调准汽车车轮的动、静平衡，保证车轮运转安全平稳，减少轴承磨损。

就车式平衡机按静平衡原理工作。

【鉴定点分布】 基本要求→基础知识→汽车维修机具性能和使用

20. 蓄电池隔板夹在相邻的（ ）之间，防止两者短路。

A. 正、负极板　　B. 正、负接线柱

C. 极板　　D. 连接条

【解析】 答案：A

本题主要是考核蓄电池的结构：蓄电池主要由极板、隔板、电解液、外壳、连接条和极桩等组成。隔板夹在相邻的正、负极板之间，防止两者短路。

【鉴定点分布】 基本要求→基础知识→汽车电气设备与电子控制装置

21. 普通汽车交流发电机一般由三相（ ）交流发电机和硅二极管整流器组成。

A. 同步　　B. 异步

C. 同步或异步　　D. 以上答案都不对

【解析】 答案：A

本题主要是考核发电机的结构：普通汽车交流发电机一般由三相同步交流发电机和硅二极管整流器组成，现多为内调式交流发电机，内调式交流发电机除三相同步交流发电机和硅二极管整流器外，发电机内部还装有集成电路调节器。

【鉴定点分布】基本要求→基础知识→汽车电气设备与电子控制装置

22. 汽车交流发电机（　　）用来将定子绕组产生的三相交流电变为直流电。

A. 转子总成　　B. 电刷　　C. 整流器　　D. 风扇

【解析】答案：C

本题主要是考核发电机的结构：整流器的作用是将定子绕组产生的三相交流电变为直流电。它由6只硅二极管、正散热板、后端盖（或负散热板）组成，接成三相桥式整流电路。

【鉴定点分布】基本要求→基础知识→汽车电气设备与电子控制装置

23. 汽车交流发电机调节电压一般为（　　）V。

A. 19～15.1　　B. 14　　C. 12　　D. 8

【解析】答案：A

本题主要是考核发电机电压调节器：汽车交流发电机调节电压一般为19～15.1 V。

【鉴定点分布】基本要求→基础知识→汽车电气设备与电子控制装置

24.（　　）是稳定汽车发电机输出电压的装置。

A. 电压调节器　　B. 整流器

C. 电容器　　D. 起动机

【解析】答案：A

本题主要是考核发电机结构：汽车发电机调节器的主要作用是控制发电机输出电压在额定值内，因为汽车发电机的转速极不稳定，所以发电机的输出电压也会随着转速的变化而变化，如果转速高时没有调节器的限制，电压会超出额定值，会对车内电气设备造成损坏。所以也被称为电压调节器。

【鉴定点分布】基本要求→基础知识→汽车电气设备与电子控制装置

25. 发动机起动后，起动机驱动齿轮与飞轮齿圈（　　）。

A. 接合　　B. 脱离　　C. 半接合　　D. 半脱离

【解析】答案：B

本题主要是考核起动系的结构：传动机构（单向离合器）的功用是在发动机启动时，将起动机驱动齿轮啮入起动齿环，将起动机的转矩传递给发动机曲轴。而在发动机启动后，将驱动齿轮与起动齿环脱离，起保护作用。

【鉴定点分布】基本要求→基础知识→汽车电气设备与电子控制装置

26. 汽油机（　　）可以将电源供给的12 V低压电变为15～30 kV的高压电。

A. 起动系　　B. 点火系　　C. 充电系　　D. 灯系

【解析】答案：B

本题主要是考核点火系的作用：汽车点火系可以将电源供给的 12 V 低压电变为 15～30 kV 的高压电。

【鉴定点分布】基本要求→基础知识→汽车电气设备与电子控制装置

27. 汽车分电器内的（　　）的作用是按发动机的工作顺序将高压电分配到各缸火花塞上。

A. 配电器　　B. 断电器　　C. 电容器　　D. 高压线

【解析】答案：A

本题主要是考核分电器的结构：汽车分电器内的配电器的作用是按发动机的工作顺序将高压电分配到各缸火花塞上。

【鉴定点分布】基本要求→基础知识→汽车电气设备与电子控制装置

28. 发动机分电器（　　）的作用是当发动机的转速发生变化时自动调整点火提前角。

A. 电磁式点火提前装置　　B. 真空式点火提前装置

C. 离心式点火提前装置　　D. 液压式点火提前装置

【解析】答案：C

本题主要是考核分电器的结构：发动机分电器离心式点火提前装置的作用是当发动机的转速发生变化时自动调整点火提前角。

【鉴定点分布】基本要求→基础知识→汽车电气设备与电子控制装置

29. 在汽车安全气囊装置中，（　　）由火药和电雷管组成。

A. 点火器　　B. 气囊　　C. 传感器　　D. ECU

【解析】答案：A

本题主要是考核安全气囊的结构：在汽车安全气囊装置中，点火器由火药和电雷管组成。

【鉴定点分布】基本要求→基础知识→汽车电气设备与电子控制装置

30. 超大规模集成电路是指每片上集成度达（　　）个元器件以上的集成电路。

A. 100　　B. 1 000　　C. 10 000　　D. 100 000

【解析】答案：D

本题主要是考核集成电路：超大规模集成电路是指每片上集成度达 100 000 个元器件以上的集成电路。

【鉴定点分布】基本要求→基础知识→汽车电气设备与电子控制装置

31. 汽车车轮转速传感器安装在（　　）上。

A. 车轮 B. 发动机 C. 变速器 D. 传动轴

【解析】答案：A

本题主要是考核车轮转速传感器的作用：车轮转速传感器的功用是检测车轮的旋转速度，并将速度信号输入电子控制单元。目前，常用的车轮转速传感器主要有电磁式和霍尔式两种，安装在车轮上。

【鉴定点分布】基本要求→基础知识→汽车电气设备与电子控制装置

32. 从传感器输出的信号输入ECU后，首先通过（ ）。

A. 存储器 B. CPU

C. 输入回路 D. A/D转换器

【解析】答案：C

本题主要是考核ECU的组成：从传感器输出的信号输入给ECU后，首先通过输入回路。其中数字信号直接输入微型计算机，模拟信号则由A/D转换器转换成数字信号后再输入微型计算机。

【鉴定点分布】基本要求→基础知识→汽车电气设备与电子控制装置

33. 发动机曲轴轴承异响发出（ ）声。

A. 铛铛 B. 啪啪 C. 嗒嗒 D. 噗噗

【解析】答案：A

本题主要是考核发动机异响的现象、原因：发动机曲轴轴承异响发出铛铛声。

【鉴定点分布】相关知识→诊断与排除发动机故障→诊断与排除发动机异响

34. 判断发动机活塞环敲击响时，可向气缸内注入（ ），若响声减弱，则可能端隙过大。

A. 少量机油 B. 大量机油 C. 少量柴油 D. 少量汽油

【解析】答案：A

本题主要是考核发动机异响的诊断排除方法：判断发动机活塞环敲击响时，可向气缸内注入少量机油，若响声减弱，则可能端隙过大。

【鉴定点分布】相关知识→诊断与排除发动机故障→诊断与排除发动机异响

35. 下列（ ）不是点火过早现象。

A. 手摇曲轴有倒转 B. 严重爆燃

C. 怠速时易熄火 D. 发动机温度过高

【解析】答案：D

本题主要是考核发动机异响的诊断排除方法：发动机点火过早，容易出现爆燃，怠速时容易熄火。当手摇曲轴时，有倒转现象。

【鉴定点分布】相关知识→诊断与排除发动机故障→诊断与排除发动机异响

36. 电控发动机燃油喷射系统中的怠速旁通阀是（　　）系统组成部分。

A. 空气供给系统　　B. 燃油供给系统

C. 电子控制系统　　D. 空调系统

【解析】答案：A

本题主要是考核电控燃油喷射系统的组成：怠速旁通阀是空气供给系统组成部分。

【鉴定点分布】相关知识→诊断与排除发动机故障→诊断与排除发动机油路、电路故障

37. 电控发动机控制系统中，（　　）存放了发动机各种工况的最佳喷油持续时间。

A. 电控单元　　B. 执行器

C. 温度传感器　　D. 压力调节器

【解析】答案：A

本题主要是考核电控燃油喷射系统的控制方式：电控单元（ECU）是发动机的综合控制装置。它的功用是根据自身存储的程序对发动机各传感器输入的各种信息进行运算、处理、判断、然后输出指令，控制有关执行器动作，达到快速、准确、自动控制发动机工作的目的。

电控单元（ECU）的基本构成主要是微型计算机。

ECU外形

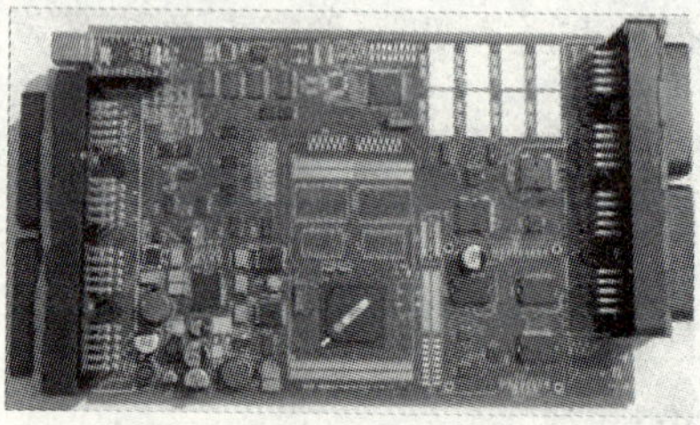

ECU内部结构

电控单元 ECU

电控单元的工作过程如下：

当发动机起动时，电控单元进入工作状态，某些程序和步骤从 ROM 中取出，进入 CPU。这些程序可以是控制点火时刻、控制汽油喷射、控制怠速等。通过 CPU 的控制，一个个指令逐个地进行循环。执行程序中所需的发动机信息，来自各个传感器。从传感器来的信号，首先进入输入回路，对其信号进行处理。如是数字信号，根据 CPU 的安排，经 I/O 接口，直接进入微机。如是模拟信号，还要经过 A/D 转换器，

转换成数字信号后，才能经 I/O 接口进入微机。大多数信息，暂存在 RAM 内，根据指令再从 RAM 送至 CPU。下一步是将存储器 ROM 中参考数据引入 CPU，使输入传感器的信息与之比较。对来自有关传感器的每个信号，依次取样，并与参考数据进行比较。CPU 对这些数据比较运算后，作出决定并发出输出指令信号，经 I/O 接口进行放大，必要的信号还经 D/A 转换器变成模拟信号，最后经输出回路去控制执行器动作。

【鉴定点分布】相关知识→诊断与排除发动机故障→诊断与排除发动机油路、电路故障

38. 下述选项中哪一项影响发动机的充气效率（　　）。

A. 润滑油品质　　B. 空燃比

C. 气缸容积　　D. 燃气终了温度

【解析】答案：D

本题主要是考核发动机充气效率：发动机在燃烧过程中需要充足的氧气，影响发动机充气效率的因素有进气终了压力、进气终了温度、排气终了残余废气压力和温度；提高发动机充气效率的措施有：减小进气系统的流动损失、减少排气系统对气流的阻力、减小气门叠开角、合理选择配气正时，保证最好的充气效率。

【鉴定点分布】相关知识→诊断与排除发动机故障→诊断与排除发动机油路、电路故障

39. 减小进气系统的流动损失，可以提高发动机的（　　）。

A. 机械效率　　B. 热效率　　C. 充气效率　　D. 工作效率

【解析】答案：C

本题主要是考核发动机充气效率：发动机在燃烧过程中需要充足的氧气，影响发动机充气效率的因素有进气终了压力、进气终了温度、排气终了残余废气压力和温度；提高发动机充气效率的措施有：减小进气系统的流动损失、减少排气系统对气流的阻力、减小气门叠开角、合理选择配气正时，保证最好的充气效率。

【鉴定点分布】相关知识→诊断与排除发动机故障→诊断与排除发动机油路、电路故障

40. 合理选择（　　）可以提高发动机充气效率。

A. 进气迟开角　　B. 排气迟开角

C. 排气早闭角　　D. 进气迟闭角

【解析】答案：D

本题主要是考核发动机充气效率：为了有效利用惯性进气，最重要的是决定进气门关闭的时间，一般进气门关闭时间的最佳值，可随下述情况适当延迟：

（1）发动机转速提高时。

（2）进气管长度增加、断面减小时。

（3）发动机排气量增大时。

（4）进气温度越低时。

【鉴定点分布】相关知识→诊断与排除发动机故障→诊断与排除发动机油路、电路故障

41. 汽油机燃烧过程中火焰中心在（　　）期形成。

A. 着火延迟期　　B. 急燃期

C. 补燃期　　D. 后燃期

【解析】答案：A

本题主要是考核汽油机燃烧过程：汽油机燃烧过程中火焰中心在着火延迟期形成。

【鉴定点分布】相关知识→诊断与排除发动机故障→诊断与排除发动机油路、电路故障

42. 过量空气系数越大，着火延迟期越（　　）。

A. 长　　B. 短　　C. 不确定　　D. 不变

【解析】答案：C

本题主要是考核影响汽油机燃烧过程的因素：着火延迟期和过量空气系数没大关系。

【鉴定点分布】相关知识→诊断与排除发动机故障→诊断与排除发动机油路、电路故障

43. 汽油发动机出现不正常燃烧会导致（　　）。

A. 机械效率下降　　B. 充气效率下降

C. 热效率及有效功率均下降　　D. 机械效率及热效率均下降

【解析】答案：C

本题主要是考核汽油机的不正常燃烧：发动机出现不正常燃烧，导致发动机热效率降低，功率下降，排放污染严重，发动机过热。同时，使发动机零件磨损严重、振动及噪声增大，寿命降低。发动机的不正常燃烧主要是爆燃和表面点火。

【鉴定点分布】相关知识→诊断与排除发动机故障→诊断与排除发动机油路、电路故障

44. 关于表面点火，说法不正确的是（　　）。

A. 是一种不正常燃烧　　B. 表面点火危害小于爆燃

C. 表面点火形成原因有两种　　D. 表面点火危害较大

【解析】答案：B

本题主要是考核汽油机的不正常燃烧：不依靠火花塞点火，而由炽热表面如过热的火花塞电极、燃烧室内壁零件表面棱角、凸起物、积炭等沉积物点燃了混合气而引起的不正常燃烧现象，均称为表面点火现象。

发动机在高速、大负荷运转过程中产生的炽热点点火对发动机危害较大。因为表面点火与爆震之间存在某种相互促进的内在关系。强烈的爆震燃烧，必然加剧向燃烧室壁面的加热，从而促进燃烧室炽热点的形成，导致表面点火。表面点火又使气缸压力升高，最高燃烧压力增大，使末端混合气受到较大压缩和传热，从而促使爆震发生。

【鉴定点分布】相关知识→诊断与排除发动机故障→诊断与排除发动机油路、电路故障

45. 柴油的牌号按（　　）编制。

A. 凝点　　B. 黏度　　C. 十六烷值　　D. 闪点

【解析】答案：A

本题主要是考核柴油的牌号：柴油的牌号按凝点编制。

【鉴定点分布】相关知识→诊断与排除发动机故障→诊断与排除发动机油路、电路故障

46. 关于耗油率 g_e 说法正确的是（　　）。

A. g_e 越小发动机经济性越差

B. 发动机每小时耗油量 G_T 与 g_e 等价

C. g_e 越小发动机经济性越好

D. g_e 的量纲为 g/km

【解析】答案：C

本题主要是考核发动机的性能指标：耗油率 g_e 越小发动机经济性越好。

【鉴定点分布】相关知识→诊断与排除发动机故障→诊断与排除发动机疑难故障

47. 比较汽油机和柴油机外特性可得出（　　）。

A. 汽油机经济性较好　　B. 柴油机经济性较好

C. 汽油机外特性曲线较平　　D. 无法比较

【解析】答案：B

本题主要是考核发动机的速度特性：汽油机和柴油机相比，柴油机经济性较好。

【鉴定点分布】相关知识→诊断与排除发动机故障→诊断与排除发动机疑难故障

48. 柴油机耗油率曲线较汽油机（　　）。

A. 平坦　　B. 弯曲　　C. 无法比较　　D. 不确定

【解析】答案：A

本题主要是考核发动机的速度特性：柴油机耗油率曲线较汽油机平坦。

【鉴定点分布】相关知识→诊断与排除发动机故障→诊断与排除发动机疑难故障

49. 由柴油机负荷特性可知，随功率的增加排气烟度（　　）。

A. 增加　　B. 减小

C. 与速度成正比　　D. 与速度成反比

【解析】答案：A

本题主要是考核发动机的负荷特性：柴油机随功率的增加排气烟度增加。

【鉴定点分布】相关知识→诊断与排除发动机故障→诊断与排除发动机疑难故障

50. 下列不属于车辆检测诊断内容的是（　　）。

A. 缸径的大小　　B. 动力性

C. 经济性　　D. 排放性

【解析】答案：A

本题主要是考核车辆检测诊断：车辆检测诊断内容有动力性、经济性、排放性等。

【鉴定点分布】相关知识→诊断与排除发动机故障→诊断与排除发动机疑难故障

51.（　　）汽车检测站检测项目最多。

A. A级　　B. B级　　C. C级　　D. D级

【解析】答案：A

本题主要是考核车辆检测站的分类：根据检测站的职能，检测站分为A、B、C三级。

A级站：能检测车辆的制动、侧滑、灯光、转向、前轮定位、车速、车轮动平衡、底盘输出功率、燃料消耗、发动机功率和点火系状况，及异响、磨损、变形、裂纹、噪声、废气排放等状况。

B级站：能承担在用车辆技术状况和车辆维修质量的检测，即能检验车辆的制动、侧滑、灯光、转向、车轮动平衡、燃料消耗、发动机功率和点火系状况，及异响、变形、噪声、废气排放等状况。

C级站：能承担在用车辆技术状况的检测，即能检测车辆的制动、侧滑、灯光、转向、车轮动平衡、燃料消耗、发动机功率及异响、噪声、废气排放等状况。

A级站和B级站出具的检测结果证明，可以作为维修单位维修质量的凭证。

【鉴定点分布】相关知识→诊断与排除发动机故障→诊断与排除发动机疑难故障

52. 柴油机尾气检测的主要项目是（　　）。

A. 烟度　　B. CO含量　　C. NO_X含量　　D. HC含量

【解析】答案：A

本题主要是考核车辆检测站的检测项目：柴油机尾气检测的主要项目是烟度。

【鉴定点分布】相关知识→诊断与排除发动机故障→诊断与排除发动机疑难故障

53. 内燃机排放的氮氧化物主要是（　　）。

A. NO　　B. NO_2　　C. N_2O_3　　D. N_2O

【解析】答案：A

本题主要是考核排气净化装置：内燃机排放的氮氧化物主要是 NO。

【鉴定点分布】相关知识→诊断与排除发动机故障→诊断与排除发动机疑难故障

54. 汽车经过长时间使用后，气门间隙发生变化，（　　）。

A. 对功率不产生影响　　B. 不改变配气相位

C. 油耗增加　　D. 对排放无影响

【解析】答案：C

本题主要是考核汽车节油改造措施：汽车经过长时间使用后，气门间隙发生变化，油耗增加。

【鉴定点分布】相关知识→诊断与排除发动机故障→诊断与排除发动机疑难故障

55. 发动机停止，打开点火开关，进气压力传感器电源端与接地端电压为（　　）V。

A. 3～4　　B. 4～5　　C. 5～6　　D. 9～12

【解析】答案：B

本题主要是考核传感器的检测：发动机停止，打开点火开关，进气压力传感器电源端与接地端电压为 4～5 V。

【鉴定点分布】相关知识→诊断与排除发动机故障→诊断与排除发动机疑难故障

56. 无分电器点火系统的两次点火过程中，有效点火电压与无效点火电压的关系是（　　）。

A. 前者低于后者　　B. 前者等于后者

C. 前者高于后者　　D. 无法确定

【解析】答案：C

本题主要是考核点火系波形分析：无分电器点火系统的两次点火过程中，有效点火电压与无效点火电压的关系是前者高于后者。

【鉴定点分布】相关知识→诊断与排除发动机故障→诊断与排除发动机疑难故障

57. 电控汽油喷射发动机的优点是（　　）。

A. 动力性好　　B. 经济性好

C. 排放性好　　D. 以上都正确

【解析】答案：D

本题主要是考核汽车新技术：电控汽油喷射发动机的优点是动力性好、经济性好、排放性好。

【鉴定点分布】相关知识→诊断与排除发动机故障→诊断与排除发动机疑难故障

58. 电控汽油喷射发动机的空气阀的作用是（　　）。

A. 低温时增加进气量　　B. 自动调整怠速

C. 进气预热　　D. 控制排放

【解析】答案：A

本题主要是考核汽车新技术：电控汽油喷射发动机空气阀的作用是低温时增加进气量。

【鉴定点分布】相关知识→诊断与排除发动机故障→诊断与排除电控发动机故障

59. 电控汽油喷射发动机燃油压力调节器的作用是（　　）。

A. 回油　　B. 缓冲

C. 保持油管中压力不变　　D. 保证喷油压力恒定不变

【解析】答案：D

本题主要是考核汽车新技术：电控汽油喷射发动机燃油压力调节器的作用是保证喷油压力恒定不变。

【鉴定点分布】相关知识→诊断与排除发动机故障→诊断与排除电控发动机故障

60. 发动机曲轴位置传感器安装于（　　）。

A. 曲轴中部　　B. 飞轮附近

C. 分电器内　　D. 以上三个答案都有可能

【解析】答案：D

本题主要是考核汽车新技术：发动机曲轴位置传感器安装在曲轴中部、飞轮附近或者是分电器内都可以。

【鉴定点分布】相关知识→诊断与排除发动机故障→诊断与排除电控发动机故障

61. 拆蓄电池负极桩线后，发动机 ECU 所有诊断码都会（　　）。

A. 被保存　　B. 被清除　　C. 没有问题　　D. 乱套

【解析】答案：B

本题主要是考核电控系统检修注意事项：

（1）拆卸和安装传感器和信号开关的连接器前应首先将点火开关关闭。

（2）拆卸和安装发动机 ECU 连接器前应首先将点火开关关闭，然后拆下蓄电池负极柱上的极桩线。

(3) 安装蓄电池时应特别注意正、负极不可接反。

(4) 拆蓄电池负极桩线后，发动机 ECU 所有诊断码都会被清除，因此，如有必要，应在拆蓄电池负极线前，读取诊断代码。

(5) 不可用起动电源帮助起动。

(6) 不可用水冲洗发动机室。

(7) 检测控制系统中输入信号和发动机控制系统输出信号，不可用汽车上灯泡作试灯。

(8) 万用表有指针型和液晶显示两种，检测控制系统电阻必须使用内阻 10MΩ 以上的液晶显示万用表。

【鉴定点分布】相关知识→诊断与排除发动机故障→诊断与排除电控发动机故障

62. 电控点火装置（ESA）的控制主要包括点火提前角、通电时间及（　　）控制等方面。

A. 燃油停供　　B. 废气再循环

C. 防止爆震　　D. 点火高压

【解析】答案：C

本题主要是考核汽油发动机电控系统的工作原理：电控点火装置（ESA）的控制主要包括点火提前角、通电时间及防止爆震控制等方面。

【鉴定点分布】相关知识→诊断与排除发动机故障→诊断与排除电控发动机故障

63. 发动机运转不稳定的原因是（　　）。

A. 个别火花塞工作不良　　B. 分火头烧蚀

C. 发动机过冷　　D. 点火线圈过热

【解析】答案：A

本题主要是考核汽油发动机不能起动故障诊断：个别火花塞工作不良，气缸不工作，造成发动机运转不稳定。

【鉴定点分布】相关知识→诊断与排除发动机故障→诊断与排除电控发动机故障

64. 六缸发动机怠速运转不稳，拔下第二缸高压线后，运转状况无变化，故障在（　　）。

A. 第二缸　　B. 相邻缸

C. 中央高压线　　D. 化油器

【解析】答案：A

本题主要是考核汽油发动机运转不稳故障诊断：六缸发动机怠速运转不稳，拔下第二缸高压线后，运转状况无变化，说明第二缸不工作，故障在第二缸。

【鉴定点分布】相关知识→诊断与排除发动机故障→诊断与排除电控发动机故障

65. 电控汽车在车身上进行焊修时，应先断开（　　）电源。

A. 起动　　B. 电脑　　C. 点火　　D. 空调

【解析】 答案：B

本题主要是考核电控燃油喷射发动机故障诊断程序：电控轿车在车身上进行焊修时，应先断开电脑电源。

【鉴定点分布】 相关知识→诊断与排除发动机故障→诊断与排除电控发动机故障

66. 电控汽油喷射发动机起动困难是指（　　）起动困难。

A. 热车　　B. 冷车

C. 常温　　D. 热车、冷车、常温

【解析】 答案：D

本题主要是考核电控汽油喷射发动机起动困难故障现象：电控汽油喷射发动机起动困难是指热车、冷车、常温起动困难。

【鉴定点分布】 相关知识→诊断与排除发动机故障→诊断与排除电控发动机故障

67. 电控发动机可用（　　）检查进气压力传感器或电路是否有故障。

A. 油压表　　B. 数字式万用表

C. 模拟式万用表　　D. 油压表或数字式万用表

【解析】 答案：B

本题主要是考核电控燃油喷射系统的故障诊断：电控发动机可用数字式万用表检查进气压力传感器或电路是否有故障。

【鉴定点分布】 相关知识→诊断与排除发动机故障→诊断与排除电控发动机故障

68. 用（　　）检查电控燃油喷射发动机各缸是否工作。

A. 数字式万用表　　B. 单缸断火法

C. 模拟式万用表　　D. 双缸断火法

【解析】 答案：B

本题主要是考核电控燃油喷射系统的故障诊断：用单缸断火法检查电控燃油喷射发动机各缸是否工作。

【鉴定点分布】 相关知识→诊断与排除发动机故障→诊断与排除电控发动机故障

69. 用诊断仪读取故障码时，应选择（　　）。

A. 故障诊断　　B. 数据流

C. 执行元件测试　　D. 基本设定

【解析】 答案：A

本题主要是考核故障诊断仪的使用方法：用诊断仪读取故障码时，应选择故障诊断。

【鉴定点分布】相关知识→诊断与排除发动机故障→诊断与排除电控发动机故障

70. 变速器高速行驶时有明显声响，突然加速时，响声很清晰，多为（　　）。

A. 滑动齿轮花键配合松旷　　B. 轴弯曲

C. 个别齿轮折断　　D. 油少

【解析】答案：A

本题主要是考核手动变速器异响的诊断及排除方法：变速器高速行驶时有明显声响，突然加速时，响声很清晰，多为滑动齿轮花键配合松旷。

【鉴定点分布】相关知识→诊断与排除汽车底盘故障→诊断与排除底盘异响

71. 离合器异响的原因有很多，下列（　　）故障不会造成离合器异响。

A. 分离轴承损坏　　B. 从动盘松动

C. 分离轴承缺油　　D. 传动片变形

【解析】答案：D

本题主要是考核离合器异响的现象、原因：传动片变形会造成离合器分离不彻底、打滑或抖动，不会造成离合器异响。

【鉴定点分布】相关知识→诊断与排除汽车底盘故障→诊断与排除底盘异响

72. 汽车重载上坡时，车速不能随发动机转速提高而改变，同时可嗅到焦臭味，此故障可能是（　　）。

A. 制动拖滞　　B. 离合器打滑

C. 离合器分离不彻底　　D. 变速器脱挡

【解析】答案：B

本题主要是考核离合器异响的现象、原因：汽车重载上坡时，车速不能随发动机转速提高而改变，同时可嗅到焦臭味，此故障可能是离合器打滑。

【鉴定点分布】相关知识→诊断与排除汽车底盘故障→诊断与排除底盘异响

73. 离合器在接合时，出现一次撞击声，则为（　　）。

A. 压盘变形　　B. 从动盘减振弹簧折断

C. 分离轴承损坏　　D. 变速器响

【解析】答案：B

本题主要是考核离合器异响的诊断排除方法：离合器在接合时，出现一次撞击声，则为从动盘减振弹簧折断。

【鉴定点分布】相关知识→诊断与排除汽车底盘故障→诊断与排除底盘异响

74. 当传动轴严重凹陷，会导致汽车在高速行驶中（　　）。

A. 异响　　B. 振动

C. 异响和振动　　D. 车速不稳

【解析】 答案：C

本题主要是考核万向传动装置异响的现象、原因：当传动轴严重凹陷，会导致汽车在高速行驶中异响和振动。

【鉴定点分布】 相关知识→诊断与排除汽车底盘故障→诊断与排除底盘异响

75. 汽车行驶时，变换车速，如出现“咔啦、咔啦”的撞击声，多半是（　　）。

A. 轴承磨损松旷　　B. 传动轴排列破坏

C. 螺栓松动　　D. 万向节轴承壳压得过紧

【解析】 答案：A

本题主要是考核万向传动装置异响的诊断排除方法：汽车行驶时，变换车速，如出现“咔啦、咔啦”的撞击声，多半是轴承磨损松旷。

【鉴定点分布】 相关知识→诊断与排除汽车底盘故障→诊断与排除底盘异响

76. 汽车后桥某一部位的齿轮啮合间隙过小，会使汽车在（　　）时发响。

A. 下坡　　B. 上坡　　C. 上、下坡　　D. 起步

【解析】 答案：B

本题主要是考核后桥异响的现象、原因：汽车后桥某一部位的齿轮啮合间隙过小，会使汽车在上坡时发响。

【鉴定点分布】 相关知识→诊断与排除汽车底盘故障→诊断与排除底盘异响

77. 当汽车直线行驶时后桥无异响，转弯时后桥发出异响，可能是（　　）有故障。

A. 主动锥齿轮　　B. 从动锥齿轮

C. 后桥内的轴承　　D. 差速器

【解析】 答案：D

本题主要是考核后桥异响的现象、原因：当汽车直线行驶时后桥无异响，转弯时后桥发出异响，一般是差速器内有故障。

【鉴定点分布】 相关知识→诊断与排除汽车底盘故障→诊断与排除底盘异响

78. 汽车主减速器圆锥主动齿轮轴承（　　）会导致后桥异响，并伴随后桥壳温度升高。

A. 损坏　　B. 过紧　　C. 过松　　D. 磨损

【解析】 答案：B

本题主要是考核后桥异响的诊断排除方法：汽车主减速器圆锥主动齿轮轴承过紧

会导致后桥异响，并伴随后桥壳温度升高。

【鉴定点分布】相关知识→诊断与排除汽车底盘故障→诊断与排除底盘异响

79. 汽车变速器新更换的齿轮啮合相互不匹配会造成（　　）。

A. 跳挡　　B. 乱挡　　C. 发响　　D. 过热

【解析】答案：C

本题主要是考核传动系疑难故障判断与排除、汽车变速器新更换的齿轮啮合相互不匹配会造成发响。

【鉴定点分布】相关知识→诊断与排除汽车底盘故障→诊断与排除底盘异响

80. 下列因素中造成汽车行驶跑偏的原因是（　　）。

A. 左右轮制动力不等　　B. 主减速器啮合间隙过小

C. 一侧减震工作不良　　D. 前束不符合要求

【解析】答案：D

本题主要是考核转向系疑难故障判断与排除：前束不符合要求会造成汽车行驶跑偏。

【鉴定点分布】相关知识→诊断与排除汽车底盘故障→诊断与排除汽车制动故障

81. 为了避免汽车侧翻，应使侧滑发生在翻倒（　　）。

A. 之前　　B. 之后

C. 同时　　D. 之前或之后

【解析】答案：A

本题主要是考核汽车的操纵稳定性：为了避免汽车侧翻，应使侧滑发生在翻倒之前。

【鉴定点分布】相关知识→诊断与排除汽车底盘故障→诊断与排除汽车制动故障

82. 汽车的平顺性常用（　　）作为评价指标。

A. 车身振动的固有频率　　B. 减震弹簧的刚度

C. 加速度均方根值　　D. 底盘高度

【解析】答案：A

本题主要是考核汽车的平顺性及影响因素：汽车的平顺性常用车身振动的固有频率作为评价指标。

【鉴定点分布】相关知识→诊断与排除汽车底盘故障→诊断与排除汽车制动故障

83. 下列因素中导致汽车液压制动不良的是（　　）。

A. 制动主缸回油阀密封不良　　B. 制动主缸出油阀弹簧过软

C. 制动主缸旁通孔堵塞　　D. 制动踏板自由行程过小

【解析】答案：C

本题主要是考核制动系疑难故障判断与排除：制动主缸旁通孔堵塞会导致汽车液压制动不良。

【鉴定点分布】相关知识→诊断与排除汽车底盘故障→诊断与排除汽车制动故障

84. 对液压制动的汽车连续踏几次制动踏板后，踏板能升高但踏制动踏板感觉有弹性，则是由于（　　）。

A. 主缸皮碗破坏、顶翻　　B. 液压系统有空气或制动液气化

C. 液压系统有渗漏　　D. 制动液牌号不对

【解析】答案：B

本题主要是考核制动系疑难故障判断与排除：对液压制动的汽车连续踏几次制动踏板后，踏板能升高但踏制动踏板感觉有弹性，则是由于液压系统有空气或制动液气化。

【鉴定点分布】相关知识→诊断与排除汽车底盘故障→诊断与排除汽车制动故障

85. 汽车气压制动排气缓慢或不排气，应检查（　　）。

A. 制动凸轮轴的配合间隙　　B. 制动操纵机构

C. 制动阀　　D. 制动操纵机构和制动阀

【解析】答案：D

本题主要是考核制动系疑难故障判断与排除：汽车气压制动排气缓慢或不排气，应检查制动操纵机构和制动阀。

【鉴定点分布】相关知识→诊断与排除汽车底盘故障→诊断与排除汽车制动故障

86. 当车轮抱死时（　　）。

A. 纵向附着系数最大　　B. 横向附着系数最大

C. 纵向附着系数最小　　D. 横向附着系数几乎为零

【解析】答案：D

本题主要是考核汽车防抱死系统：当车轮抱死时横向附着系数几乎为零。

【鉴定点分布】相关知识→诊断与排除汽车底盘故障→诊断与排除汽车制动故障

87. 汽车ABS循环式制动压力调节器的电磁阀多采用（　　）电磁阀。

A. 二位三通　　B. 二位二通　　C. 三位三通　　D. 三位四通

【解析】答案：C

本题主要是考核汽车防抱死系统：汽车ABS循环式制动压力调节器的电磁阀多采用三位三通电磁阀。

【鉴定点分布】相关知识→诊断与排除汽车底盘故障→诊断与排除汽车制动故障

88. 一般汽车前轮制动力与后轮制动力的关系是（　　）。

A. 前轮制动力等于后轮制动力

B. 前轮制动力小于后轮制动力

C. 按一定比例增长

D. 不确定

【解析】 答案：B

本题主要是考核制动性的评价指标：一般汽车前轮制动力小于后轮制动力。

【鉴定点分布】 相关知识→诊断与排除汽车底盘故障→诊断与排除汽车制动故障

89. 下面关于汽车制动时的说法正确的是（　　）。

A. 附着力一定大于制动器制动力

B. 地面制动力一定等于制动器制动力

C. 地面制动力一定小于或等于附着力

D. 地面制动力一定等于附着力

【解析】 答案：C

本题主要是考核汽车制动时车轮受力分析：地面制动力一定小于或等于附着力。

【鉴定点分布】 相关知识→诊断与排除汽车底盘故障→诊断与排除汽车制动故障

90. 汽车在制动过程中横向附着系数随滑移率增加而（　　）。

A. 逐渐变小　　B. 逐渐变大

C. 先变小而增加　　D. 先变大后变小

【解析】 答案：A

本题主要是考核附着系数：汽车在制动过程中横向附着系数随滑移率增加而逐渐变小。

【鉴定点分布】 相关知识→诊断与排除汽车底盘故障→诊断与排除汽车制动故障

91. 用制动距离评价汽车制动效能最（　　）。

A. 直观　　B. 客观　　C. 有效　　D. 准确

【解析】 答案：A

本题主要是考核汽车制动效能：用制动距离评价汽车制动效能最直观。

【鉴定点分布】 相关知识→诊断与排除汽车底盘故障→诊断与排除汽车制动故障

92. 汽车产生制动热衰退的原因是（　　）。

A. 制动鼓过热　　B. 制动蹄的摩擦材料含有有机聚合物

C. 制动蹄受热变形　　D. 制动鼓变形

【解析】 答案：B

本题主要是考核汽车制动效能恒定性：汽车产生制动热衰退的原因是制动蹄的摩擦材料含有有机聚合物。

【鉴定点分布】相关知识→诊断与排除汽车底盘故障→诊断与排除汽车制动故障

93. 下列选项中，（ ）会造成汽车制动跑偏。

A. 涉水　　B. 制动热衰退

C. 制动力增长过慢　　D. 左右轮制动力增长不一致

【解析】答案：D

本题主要是考核汽车制动跑偏：左右轮制动力增长不一致会造成汽车制动跑偏。

【鉴定点分布】相关知识→诊断与排除汽车底盘故障→诊断与排除汽车制动故障

94. 下列关于汽车侧滑的说法正确的是（ ）。

A. 汽车发生后轴侧滑时应该向相反方向转方向盘

B. 前轴侧滑易失去转向

C. 后轴侧滑易产生甩尾

D. 前轴侧滑比后轴侧滑更危险

【解析】答案：C

本题主要是考核汽车制动偏滑：汽车后轴侧滑易产生甩尾。

【鉴定点分布】相关知识→诊断与排除汽车底盘故障→诊断与排除汽车制动故障

95. 台试检验制动力要求：制动力总和与整车质量的百分比，空载时为（ ）。

A. ≥40％　　B. ≥50％　　C. ≥60％　　D. ≥70％

【解析】答案：C

本题主要是考核汽车制动性检测项目及相关标准：台试检验制动力要求：制动力总和与整车质量的百分比，空载时为≥60％。

【鉴定点分布】相关知识→诊断与排除汽车底盘故障→诊断与排除汽车制动故障

96. 在进行自动变速器道路试验时，超速挡开关（ ）。

A. 置于 ON 指示灯灭　　B. 置于 OFF 指示灯亮

C. 先开后关　　D. 先关后开

【解析】答案：A

本题主要是考核自动变速器测试：在进行自动变速器道路试验时，超速挡开关置于 ON 指示灯灭。

【鉴定点分布】相关知识→诊断与排除汽车底盘故障→诊断与排除汽车制动故障

97. 大部分自动变速器 N－D 换挡延时时间小于（ ）s。

A. 1.0～1.2　　B. 0.6～0.8

C. 1.2～1.5　　　　D. 1.5～2.0

【解析】答案：A

本题主要是考核自动变速器测试：大部分自动变速器 N—D 换挡延时时间小于 1.0～1.2 s。

【鉴定点分布】相关知识→诊断与排除汽车底盘故障→诊断与排除汽车制动故障

98. 下列哪个因素可以提高汽车制动试验台的附着力（　　）。

A. 增大滚筒直径　　　　B. 增大车轮直径

C. 减少滚筒中心距　　　　D. 增大安置角

【解析】答案：D

本题主要是考核制动试验台的结构、原理与使用：增大安置角可以提高汽车制动试验台的附着力。

【鉴定点分布】相关知识→诊断与排除汽车底盘故障→诊断与排除汽车制动故障

99. 汽车侧滑试验台使用（　　）后需拆下滑动板检查。

A. 1 个月　　B. 3 个月　　C. 6 个月　　D. 1 年

【解析】答案：C

本题主要是考核制动试验台的结构、原理与使用：汽车侧滑试验台使用 6 个月后需拆下滑动板检查。

【鉴定点分布】相关知识→诊断与排除汽车底盘故障→诊断与排除汽车制动故障

100. 汽车侧滑试验台的测量装置主要有（　　）两种。

A. 电位计和应变仪式　　　　B. 差动变压器和应变仪式

C. 电磁感应和电位计式　　　　D. 电位计式和差动变压器式

【解析】答案：D

本题主要是考核制动试验台的结构、原理与使用：汽车侧滑试验台的测量装置主要有电位计式和差动变压器式两种。

【鉴定点分布】相关知识→诊断与排除汽车底盘故障→诊断与排除汽车制动故障

101. 汽车 ABS 在正常制动时有（　　）种工作状态。

A. 一　　B. 两　　C. 三　　D. 四

【解析】答案：D

本题主要是考核汽车 ABS 系统：常规制动过程、保压过程、减压过程和增压过程。

【鉴定点分布】相关知识→诊断与排除汽车底盘故障→诊断与排除汽车制动故障

102. 汽车电子控制防抱死制动系统由（　　）组成。

A. 传感器、电控单元、电磁阀

B. 传感器、电控单元、比例阀

C. 传感器、电控单元、液压调节器

D. 传感器、电控单元、制动压力调节器

【解析】 答案：D

本题主要是考核汽车 ABS 系统：汽车电子控制防抱死制动系统由传感器、电控单元、制动压力调节器组成。

【鉴定点分布】 相关知识→诊断与排除汽车底盘故障→诊断与排除汽车制动故障

103. 与汽车前照灯有关的物理量是光强和照度，它们的单位符号分别为（　　）。

A. cd、ls　　B. ca、lx　　C. cd、lx　　D. cd、ld

【解析】 答案：C

本题主要是考核前照灯检验仪的结构、原理与使用：与汽车前照灯有关的物理量是光强和照度，它们的单位符号分别为 cd、lx 。

【鉴定点分布】 相关知识→诊断与排除汽车电气设备故障→诊断与排除汽车灯光系统故障

104. 汽车修理工艺过程是指汽车修理的各项作业，按一定方式（　　）、顺序、协调进行的过程。

A. 组合　　B. 结合　　C. 接合　　D. 集合

【解析】 答案：A

本题主要是考核汽车修理工艺概念：汽车修理工艺过程是指汽车修理的各项作业，按一定方式组合、顺序、协调进行的过程。

【鉴定点分布】 相关知识→发动机大修→编制发动机典型零部件修理工艺卡

105. 确定汽车修理工艺规程的原则不包括（　　）。

A. 技术上先进性　　B. 经济上合理性

C. 质量上可靠性　　D. 性能稳定性

【解析】 答案：D

本题主要是考核汽车修理工艺规程的制订原则：

（1）技术上的先进性。应尽量采用新技术、新工艺、新设备；采用先进的加工手段和检测手段；不断增强机械化和自动化程度。但要结合自己企业的实际情况，不能盲目追求技术上的先进性。要做到长期目标和近期目标相结合，先进性和可行性相结合。

（2）质量上的可靠性。质量是企业的生命，也是为用户服务的首要宗旨。汽车维修质量关系到汽车的动力性、经济性、安全性，关系到运输企业的经济效益。因此，在确定工艺规程时，一定要在保证汽车大修质量的前提下进行。

(3) 经济上的合理性。在保证修理质量的前提下，要考虑企业的经济效益。尽可能降低修理成本，节约开支，修旧利废，降低消耗，加强管理，革新挖潜，延长零件的使用寿命，增加大修间隔里程。

(4) 劳动上的安全性。确定工艺规程时，必须考虑劳动生产的规章制度和安全生产的规定，保证生产工人的人身安全；必须注意降低劳动强度和改善劳动条件，使工人从笨重的体力劳动中解放出来。同时要考虑工件在运输中不受损坏。要认真治理“三废”，消除环境污染，降低噪声。

【鉴定点分布】相关知识→发动机大修→编制发动机典型零部件修理工艺卡

106. 汽车修理工艺卡一般是根据（　　）分类的。

A. 零件材料　　B. 工艺

C. 不同工种或作业性质　　D. 修理方法

【解析】答案：C

本题主要是考核汽车修理工艺卡：汽车修理工艺的内容复杂，工序较多，工艺卡片很难做成统一的形式，一般根据不同工种或作业性质制成不同的工艺卡片。

【鉴定点分布】相关知识→发动机大修→编制发动机典型零部件修理工艺卡

107. 汽车修理工艺卡片的零件尺寸不包括（　　）。

A. 基本尺寸　　B. 允许磨损尺寸

C. 极限磨损尺寸　　D. 最小实体尺寸

【解析】答案：D

本题主要是考核汽车修理工艺卡片：汽车修理工艺卡片的零件尺寸包括基本尺寸、允许磨损尺寸和极限磨损尺寸。

【鉴定点分布】相关知识→发动机大修→编制发动机典型零部件修理工艺卡

108. 发动机气门导管与承孔的配合过盈一般为（　　）mm。

A. 0.01～0.04　　B. 0.02～0.06

C. 0.025～0.085　　D. 0.05～0.10

【解析】答案：B

本题主要是考核汽车修理方法：发动机气门导管与承孔的配合过盈一般为 0.02～0.06 mm。

【鉴定点分布】相关知识→发动机大修→发动机总成大修

109. 发动机气缸盖上气门座的裂纹最好的修理方法是（　　）。

A. 无机粘接剂法　　B. 焊接法

C. 堵漏剂法　　　　D. 堵漏剂法和粘接剂法均可

【解析】答案：A

本题主要是考核汽车修理方法：发动机气缸盖上气门座的裂纹最好的修理方法是无机粘接剂法。

【鉴定点分布】相关知识→发动机大修→发动机总成大修

110. 发动机干式气缸磨损严重超过最后一级修理尺寸时，应采取（　　）。

A. 修理尺寸法　　　　B. 镶套法

C. 珩磨法　　　　D. 镀铬法

【解析】答案：B

本题主要是考核汽车修理方法：发动机干式气缸磨损严重超过最后一级修理尺寸时，应采取镶套法。

【鉴定点分布】相关知识→发动机大修→发动机总成大修

111. 汽油发动机曲轴连杆轴颈与主轴颈平行度误差的大修标准是（　　）mm。

A. ≤0.01　　B. ≤0.05　　C. ≤0.04　　D. ≤0.02

【解析】答案：A

本题主要是考核汽车修理方法：汽油发动机曲轴连杆轴颈与主轴颈平行度误差的大修标准是≤0.01 mm。

【鉴定点分布】相关知识→发动机大修→发动机总成大修

112. 安装湿式气缸套筒，应高出气缸体（　　）mm。

A. 0.10～0.20　　　　B. 0.05～0.15

C. 0.15～0.40　　　　D. 0.15～0.20

【解析】答案：B

本题主要是考核汽车修理方法：安装湿式气缸套筒，应高出气缸体 0.05～0.15 mm。

【鉴定点分布】相关知识→发动机大修→发动机总成大修

113. 下列汽车零件（　　）是用铸钢材料制造的。

A. 发动机曲轴　　　　B. 变速器壳体

C. 发动机凸轮轴　　　　D. 齿轮

【解析】答案：D

本题主要是考核汽车的修理方法：齿轮是用铸钢制造的。

【鉴定点分布】相关知识→发动机大修→发动机总成大修

114. 汽车修理中，应进行动平衡试验的零件或组合件是（　　）。

A. 曲轴　　B. 离合器从动盘

C. 离合器压盘　　D. 制动鼓

【解析】 答案：A

本题主要是考核汽车修理方法：曲轴修理完毕，应进行动平衡试验。

【鉴定点分布】 相关知识→发动机大修→发动机总成大修

115. 汽车修理过程中，除车架和车身之外，其他零件组合件及总成都装配已修好的备用品，此法为（　　）。

A. 就车修理法　　B. 总成互换法

C. 专业分工法　　D. 综合作业法

【解析】 答案：B

本题主要是考核汽车修理方法：总成互换法是指汽车修理过程中，除车架和车身之外，其他零件组合件及总成都装配已修好的备用品。

【鉴定点分布】 相关知识→发动机大修→发动机总成大修

116. 铝合金发动机气缸盖下平面的平面度每任意 50 mm×50 mm 范围内均不应大于（　　）mm。

A. 0.015　　B. 0.025　　C. 0.035　　D. 0.030

【解析】 答案：B

本题主要是考核汽车修理方法：铝合金发动机气缸盖下平面的平面度每任意 50 mm×50 mm 范围内均不应大于 0.025 mm。

【鉴定点分布】 相关知识→发动机大修→发动机总成大修

117. 发动机飞轮与曲轴装配后，飞轮平面对曲轴轴线的全跳动量应不大于（　　）mm。

A. 0.10　　B. 0.20　　C. 0.30　　D. 0.25

【解析】 答案：B

本题主要是考核汽车修理方法：发动机飞轮与曲轴装配后，飞轮平面对曲轴轴线的全跳动量应不大于 0.20 mm。

【鉴定点分布】 相关知识→发动机大修→发动机总成大修

118. 发动机用百分表检验曲轴弯曲，应使触头垂直接触（　　）。

A. 中间主轴颈　　B. 两端主轴颈

C. 连杆轴颈　　D. 任意轴颈

【解析】 答案：A

本题主要是考核汽车修理方法：将曲轴放在检验平板的 V 形块上，将百分表触头垂直地触及中间一道主轴颈，转动曲轴，此时百分表指针所示的最大摆差即曲轴主轴颈的径向圆跳动误差。

百分表检验曲轴

【鉴定点分布】 相关知识→发动机大修→发动机总成大修

119. 发动机曲轴磨削的目的是恢复曲轴轴颈的几何尺寸、几何精度和表面粗糙度，同时纠正曲轴的（　　）。

A. 形位误差　　B. 形状误差

C. 平行度误差　　D. 位置误差

【解析】 答案：A

本题主要是考核汽车修理方法：发动机曲轴磨削的目的是恢复曲轴轴颈的几何尺寸、几何精度和表面粗糙度，同时纠正曲轴的形位误差。

【鉴定点分布】 相关知识→发动机大修→发动机总成大修

120. 气缸压缩压力应符合原设计规定。每缸压力与各缸平均压力之差，汽油机不超过（　　），柴油机不超过（　　）。

A. 8%，8%　　B. 5%，8%

C. 8%，10%　　D. 10%，10%

【解析】 答案：C

本题主要是考核汽车修理方法：气缸压缩压力应符合原设计规定。每缸压力与各缸平均压力之差，汽油机不超过8%；柴油机不超过10%。

【鉴定点分布】 相关知识→发动机大修→发动机总成大修

121. 安装桑塔纳2000型轿车AFE发动机正时齿形带，应使凸轮轴齿带轮标记与（　　）平面标记对齐。

A. 曲轴齿轮　　B. 气门室罩盖

C. V形带轮盘　　D. 齿带张紧轮

【解析】 答案：B

本题主要是考核汽车修理方法：安装桑塔纳2000型轿车AFE发动机正时齿形带，应使凸轮轴齿带轮标记与气门室罩盖平面标记对齐。

【鉴定点分布】相关知识→发动机大修→发动机总成大修

122. 利用拉线法检查汽车前轴时，若拉线偏离了钢板弹簧座中心，表明前轴存在（　　）变形。

A. 水平方向弯曲或扭曲　　B. 水平方向的弯曲

C. 扭曲　　D. 垂直方向的弯曲

【解析】答案：A

本题主要是考核汽车修理方法：利用拉线法检查汽车前轴时，若拉线偏离了钢板弹簧座中心，表明前轴存在水平方向弯曲或扭曲变形。

【鉴定点分布】相关知识→发动机大修→发动机总成大修

123. 发动机气门工作面的修复方法是（　　）。

A. 研磨　　B. 铰削　　C. 砂纸打磨　　D. 珩磨

【解析】答案：A

本题主要是考核汽车修理方法：发动机气门工作面的修复方法是研磨。

【鉴定点分布】相关知识→发动机大修→发动机总成大修

124. 下面不是发动机总成大修送修标志是（　　）。

A. 气缸磨损　　B. 最大功率下降

C. 燃料消耗异常　　D. 异响

【解析】答案：D

本题主要是考核汽车大修验收方法：

汽车总成大修标志：

（1）发动机总成。气缸磨损后，其圆柱度达到 0.175～0.250 mm，圆度已达到 0.050～0.063 mm；最大功率或气缸压力较标准降低 25%以上；燃料和润滑油消耗量显著增加。

（2）车架总成。车架断裂、锈蚀、弯曲、扭曲变形超过极限，大部分铆钉松动或铆钉孔磨损，必须拆卸其他总成后才能进行校正、修理或重铆，才能修复。

（3）变速器（分动器）总成。壳体变形、破裂，轴承座孔磨损超过极限，变速器齿轮及轴恶性磨损、损坏等，需要彻底修复。

（4）后桥（驱动桥、中桥）总成。桥壳破裂、变形，半轴套管承孔磨损超过极限，主减速器齿轮恶性磨损，需要校正或恢复性修理。

（5）前桥总成。前轴裂纹、变形，主销承孔磨损超过极限，需要校正或彻底修复。

（6）客车车身总成。车厢骨架断裂、锈蚀、变形严重，蒙皮破损面积较大时，需要彻底修复。

（7）货车车身总成。驾驶室锈蚀、变形严重、破裂；货厢纵、横梁腐蚀，底板、栏板破损面积较大时，需要彻底修复。

【鉴定点分布】相关知识→发动机大修→过程检验与竣工验收

125. 汽油机大修后，各缸压力差应不超过平均值的（　　）。

A. 3%　　B. 4%　　C. 5%　　D. 6%

【解析】答案：C

本题主要是考核汽车大修验收方法：汽油机大修后，各缸压力差应不超过平均值的5%。

【鉴定点分布】相关知识→发动机大修→过程检验与竣工验收

126. 汽车发动机气缸体上下平面平面度误差不应大于（　　）mm。

A. 0.10　　B. 0.20　　C. 0.02　　D. 0.05

【解析】答案：C

本题主要是考核汽车大修过程检验：汽车发动机气缸体上下平面平面度误差不应大于0.02 mm。

【鉴定点分布】相关知识→发动机大修→过程检验与竣工验收

127. 汽油机活塞环槽与第一环侧隙为（　　）mm。

A. 0.05～0.11　　B. 0.08～0.36

C. 0.10～0.25　　D. 0.05～0.30

【解析】答案：A

本题主要是考核汽车大修过程检验：汽油机活塞环槽与第一环侧隙为0.05～0.11 mm。

【鉴定点分布】相关知识→发动机大修→过程检验与竣工验收

128. 送修汽车修复合格后，承修单位应签发出厂合格证并将（　　）和合格证移交托修方。

A. 维修资料　　B. 修理工艺卡

C. 行驶证　　D. 大修竣工检验单

【解析】答案：A

本题主要是考核汽车大修竣工检验：

（1）大修竣工的汽车，经检验合格，应签发合格证。

（2）大修竣工的汽车，应在明显部位安装铭牌，其内容包括发动机和车架号码，承修单位名称，修竣出厂年、月、日等。

（3）修竣工的车辆，经送修与承修单位双方确认合格后，办理出厂交接手续。出厂合格证和有关技术资料应随车交付送修单位。

【鉴定点分布】 相关知识→发动机大修→过程检验与竣工验收

129. 汽车发动机大修后，怠速运转稳定，转速波动不大于（　　）r/min。

A. 100　　B. 50　　C. 80　　D. 150

【解析】 答案：B

本题主要是考核汽车大修竣工检验：汽车发动机大修后，怠速运转稳定，转速波动不大于 50 r/min。

【鉴定点分布】 相关知识→发动机大修→过程检验与竣工验收

130. 动力性能功率不得低于标定功率的（　　）。

A. 75%　　B. 80%　　C. 85%　　D. 70%

【解析】 答案：A

本题主要是考核汽车大修竣工检验：发动机根据《机动车运行安全条件》要求，动力性能功率不得低于标定功率的 75%。

【鉴定点分布】 相关知识→发动机大修→过程检验与竣工验收

131. 汽车使用－45 号冷却液其沸点达到（　　）。

A. 102℃　　B. 104℃　　C. 106℃　　D. 108℃

【解析】 答案：D

本题主要是考核汽车大修竣工检验：汽车使用－45 号冷却液其沸点达到 108℃。

【鉴定点分布】 相关知识→发动机大修→过程检验与竣工验收

132. 汽车－25 号冷却液的 pH 值应为（　　）。

A. 7.5～11.0　　B. 11.0～12.5

C. 7.5～8.5　　D. 5.5～12.5

【解析】 答案：A

本题主要是考核汽车大修竣工检验：汽车－25 号冷却液的 pH 值应为 7.5～11.0。

【鉴定点分布】 相关知识→发动机大修→过程检验与竣工验收

133. 柴油机废气排放检测的是（　　）。

A. CO　　B. HC　　C. HO　　D. 碳烟

【解析】 答案：D

本题主要是考核汽车大修竣工检验：柴油机废气排放检测的是碳烟。

【鉴定点分布】 相关知识→发动机大修→过程检验与竣工验收

134. （　　）是汽车动力性的总指标。

A. 最高车速　　B. 加速性能　　C. 平均速度　　D. 加速时间

【解析】 答案：C

本题主要是考核汽车动力性指标：汽车动力性指标是指汽车在良好的路面上行驶时由汽车受到的纵向力决定的，汽车所能达到的平均行驶速度。其评价指标有：汽车的最高车速；加速时间；最大爬坡度。

平均速度是汽车动力性的总指标。

【鉴定点分布】相关知识→发动机大修→过程检验与竣工验收

135. 汽油发动机五气分析仪能测量（　　）五种气体浓度。

A. CO、HC、SO_2、CO_2、O_2　　B. CO、HC、NO_X、CO_2、H_2

C. CO、HC、NO_X、CO_2、O_2　　D. CO、HC、SO_2、CO_2、O_2

【解析】答案：C

本题主要是考核废气分析仪的结构、原理与使用：汽油发动机五气分析仪能测量CO、HC、NO_X、CO_2、O_2五种气体浓度。

【鉴定点分布】相关知识→发动机大修→过程检验与竣工验收

136. 发动机废气分析仪取样导管长度规定为（　　）m。

A. 3　　B. 4　　C. 5　　D. 6

【解析】答案：C

本题主要是考核废气分析仪的结构、原理与使用：发动机废气分析仪取样导管长度规定为5 m。

【鉴定点分布】相关知识→发动机大修→过程检验与竣工验收

137. 在冷压校正时，球墨铸铁发动机曲轴的压校量不得大于原弯曲量的（　　）倍。

A. 5　　B. 8　　C. 10　　D. 15

【解析】答案：C

本题主要是考核轴类零件校正知识：在冷压校正时，球墨铸铁发动机曲轴的压校量不得大于原弯曲量的10倍。

【鉴定点分布】相关知识→发动机大修→发动机总成大修

138. 发动机气缸镗削量的计算公式为（　　）。

A. 镗削量＝活塞最大直径－气缸最小直径＋配合间隙－磨缸余量

B. 镗削量＝活塞最大直径－气缸最大直径＋配合间隙－磨缸余量

C. 镗削量＝活塞最大直径－气缸最小直径－配合间隙－磨缸余量

D. 镗削量＝活塞最大直径－气缸最大直径－配合间隙＋磨缸余量

【解析】答案：A

本题主要是考核总成装配中配合间隙。

发动机气缸镗削量的计算公式为：

镗削量＝活塞最大直径－气缸最小直径＋配合间隙－磨缸余量

【鉴定点分布】相关知识→发动机大修→发动机总成大修

139. 发动机活塞选配时，同一组活塞的直径差不得大于（　　）mm。

A. 0.10～0.15　　B. 0.15～0.20

C. 0.01～0.02　　D. 0.02～0.025

【解析】答案：D

本题主要是考核总成装配中配合间隙：发动机活塞选配时，同一组活塞的直径差不得大于0.02～0.025 mm。

【鉴定点分布】相关知识→发动机大修→发动机总成大修

140. 调整转向器啮合间隙时，转向器应处于（　　）位置。

A. 中间啮合　　B. 两端啮合　　C. 任意　　D. 前端

【解析】答案：A

本题主要是考核汽车修理方法：调整转向器啮合间隙时，转向器应处于中间啮合位置。

【鉴定点分布】相关知识→汽车底盘大修→底盘总成大修

141. 装合横直拉杆时，应保证球头销轴颈与相应的锥形孔配合，其端面应低于锥形孔上端面（　　）mm。

A. 0.5～1　　B. 1～2

C. 1.5～2.5　　D. 0.5～1.5

【解析】答案：B

本题主要是考核汽车修理方法：装合横直拉杆时，应保证球头销轴颈与相应的锥形孔配合，其端面应低于锥形孔上端面1～2 mm。

【鉴定点分布】相关知识→汽车底盘大修→底盘总成大修

142. 汽车传动轴组装和发动机曲轴检验后，还必须进行（　　）。

A. 动平衡试验　　B. 传动试验

C. 装车试验　　D. 整体检验

【解析】答案：A

本题主要是考核汽车修理方法：汽车传动轴组装和发动机曲轴检验后，还必须进行动平衡试验。

【鉴定点分布】相关知识→汽车底盘大修→底盘总成大修

143. 在相同条件下，车轮半径越大汽车驱动力（　　）。

A. 越大　　B. 越小　　C. 不变　　D. 无法不确定

【解析】 答案：B

本题主要是考核影响汽车动力性的主要因素：传动效率、主减速器传动比、变速器传动比和挡位、空气阻力系数、汽车总质量和轮胎的尺寸与结构等。在相同条件下，车轮半径越大汽车驱动力越小。

【鉴定点分布】 相关知识→汽车底盘大修→底盘总成大修

144. 前轮定位检测应该使用（　　）。

A. 线绳　　B. 米尺

C. 前束尺或前轮定位仪　　D. 水平仪

【解析】 答案：C

本题主要是考核车辆技术性能检测：前轮定位检测应该使用前束尺或前轮定位仪。

【鉴定点分布】 相关知识→汽车底盘大修→底盘总成大修

145. 汽车制动器摩擦衬片的外径应（　　）制动鼓的内径。

A. 大于　　B. 小于

C. 等于　　D. 小于或等于

【解析】 答案：A

本题主要是考核汽车修理方法：汽车制动器摩擦衬片的外径应大于制动鼓的内径。

【鉴定点分布】 相关知识→汽车底盘大修→底盘总成大修

146. 汽车道路试验中，下列（　　）是要进行的项目。

A. 制动液检查　　B. 动力性能检查

C. 离合器踏板自由行程检查　　D. 方向盘自由转动量检查

【解析】 答案：B

本题主要是考核汽车大修竣工检验：汽车道路试验中，要进行动力性能检查。

【鉴定点分布】 相关知识→汽车底盘大修→过程检验及竣工验收

147. 汽车大修竣工外观检视不包括（　　）。

A. 仪表及指示值　　B. 后视镜

C. 转向性能　　D. 灯光信号标志

【解析】 答案：C

本题主要是考核汽车大修竣工检验：汽车大修竣工外观检视不包括转向性能。

【鉴定点分布】 相关知识→汽车底盘大修→过程检验及竣工验收

148. 汽车竣工验收路试中要进行检验是（　　）。

A. 滑行试验　　B. 喇叭音质

C. 灯光性能　　　　　　　　D. 离合器踏板自由行程

【解析】 答案：A

本题主要是考核汽车大修竣工检验：通过路试，来检查竣工车辆的动力性、经济性、操纵性及滑行性能的恢复，通过察听各部声响来判断和衡量发动机及底盘工作情况，尤其通过路试鉴定其制动效果。

路试检查内容主要是制动性能、滑行性能和加速性能。

【鉴定点分布】 相关知识→汽车底盘大修→过程检验及竣工验收

149. 汽车发动机大修后，最大功率和最大转矩不允许低于原设计额定值的（　　）。

A. 80%　　B. 85%　　C. 90%　　D. 95%

【解析】 答案：C

本题主要是考核汽车大修竣工检验：汽车发动机大修后，最大功率和最大转矩不允许低于原设计额定值的90%。

【鉴定点分布】 相关知识→汽车底盘大修→过程检验及竣工验收

150. 汽车大修基本检验技术文件是三单一证，“一证”是指（　　）。

A. 行驶证　　　　　　　　B. 汽车产品合格证

C. 大修合格证　　　　　　D. 检验合格证

【解析】 答案：C

本题主要是考核汽车大修竣工检验：汽车大修基本检验技术文件是三单一证，三单是指：汽车发动机大修进厂检验单；汽车发动机大修工艺过程检验单；汽车发动机大修竣工检验单；“一证”是指汽车发动机大修合格证。

【鉴定点分布】 相关知识→汽车底盘大修→过程检验及竣工验收

151. 以车厢为主，结合发动机总成符合大修条件作为大修送修标志是（　　）。

A. 客车　　B. 货车　　C. 轿车　　D. 面包车

【解析】 答案：A

本题主要是考核汽车修理方法。

汽车大修送修标志为：

（1）载货汽车以发动机附离合器总成为主，结合车架或者两个及两个以上其他主要总成需大修时，即可组织整车大修。

（2）客车以车身总成为主，结合发动机附离合器总成符合送修条件时，即可组织整车大修。

（3）挂车大修送修标志是挂车车架（包括转盘）和货箱符合大修条件。

（4）定车牵引的半挂车和铰接车，按照汽车大修的标志与牵引车同时进厂大修。

【鉴定点分布】相关知识→汽车底盘大修→过程检验及竣工验收

152. 挂车大修送修标志是（　　）。

A. 挂车车架和货箱　　B. 转盘和货厢

C. 车架　　D. 货箱和转盘

【解析】答案：A

本题主要是考核汽车修理方法。

汽车大修送修标志为：

(1) 载货汽车以发动机附离合器总成为主，结合车架或者两个及两个以上其他主要总成需大修时，即可组织整车大修。

(2) 客车以车身总成为主，结合发动机附离合器总成符合送修条件时，即可组织整车大修。

(3) 挂车大修送修标志是挂车车架（包括转盘）和货箱符合大修条件。

(4) 定车牵引的半挂车和铰接车，按照汽车大修的标志与牵引车同时进厂大修。

【鉴定点分布】相关知识→汽车底盘大修→过程检验及竣工验收

153. 以下哪个不是汽车车架总成大修送修标志（　　）。

A. 前桥变形严重　　B. 断裂锈蚀变形超限

C. 车架大部分铆钉松动　　D. 车架弯曲变形超限

【解析】答案：A

本题主要是考核汽车大修验收方法。

汽车总成大修标志为：

(1) 发动机总成。气缸磨损后，其圆柱度达到 0.175～0.250 mm，圆度已达到 0.050～0.063 mm；最大功率或气缸压力较标准降低 25%以上；燃料和润滑油消耗量显著增加。

(2) 车架总成。车架断裂、锈蚀、弯曲、扭曲变形超过极限，大部分铆钉松动或铆钉孔磨损，必须拆卸其他总成后才能进行校正、修理或重铆，才能修复。

(3) 变速器（分动器）总成。壳体变形、破裂，轴承座孔磨损超过极限，变速器齿轮及轴恶性磨损、损坏等，需要彻底修复。

(4) 后桥（驱动桥、中桥）总成。桥壳破裂、变形，半轴套管承孔磨损超过极限，主减速器齿轮恶性磨损，需要校正或恢复性修理。

(5) 前桥总成。前轴裂纹、变形，主销承孔磨损超过极限，需要校正或彻底修复。

(6) 客车车身总成。车厢骨架断裂、锈蚀、变形严重，蒙皮破损面积较大时，需要彻底修复。

(7) 货车车身总成。驾驶室锈蚀、变形严重、破裂；货厢纵、横梁腐蚀，底板、栏板破损面积较大时，需要彻底修复。

【鉴定点分布】相关知识→汽车底盘大修→过程检验及竣工验收

154. 以下（　　）不是汽车驱动桥总成大修送修标志。

A. 主减速器齿轮恶性磨损　　B. 差速器壳支承轴承响

C. 桥壳破裂、变形　　D. 半轴套管承孔磨损逾限

【解析】答案：B

本题主要是考核汽车大修验收方法。

汽车总成大修标志为：

(1) 发动机总成。气缸磨损后，其圆柱度达到 0.175～0.250 mm，圆度已达到 0.050～0.063 mm；最大功率或气缸压力较标准降低 25%以上；燃料和润滑油消耗量显著增加。

(2) 车架总成。车架断裂、锈蚀、弯曲、扭曲变形超过极限，大部分铆钉松动或铆钉孔磨损，必须拆卸其他总成后才能进行校正、修理或重铆，才能修复。

(3) 变速器（分动器）总成。壳体变形、破裂，轴承座孔磨损超过极限，变速器齿轮及轴恶性磨损、损坏等，需要彻底修复。

(4) 后桥（驱动桥、中桥）总成。桥壳破裂、变形，半轴套管承孔磨损超过极限，主减速器齿轮恶性磨损，需要校正或恢复性修理。

(5) 前桥总成。前轴裂纹、变形，主销承孔磨损超过极限，需要校正或彻底修复。

(6) 客车车身总成。车厢骨架断裂、锈蚀、变形严重，蒙皮破损面积较大时，需要彻底修复。

(7) 货车车身总成。驾驶室锈蚀、变形严重、破裂；货厢纵、横梁腐蚀，底板、栏板破损面积较大时，需要彻底修复。

【鉴定点分布】相关知识→汽车底盘大修→过程检验及竣工验收

155. 汽车传动轴花键与滑动叉和突缘键槽的侧隙，轿车应不大于（　　）mm。

A. 0.25　　B. 0.20　　C. 0.15　　D. 0.10

【解析】答案：C

本题主要是考核汽车大修过程检验：汽车传动轴花键与滑动叉和突缘键槽的侧隙，轿车应不大于 0.15 mm。

【鉴定点分布】相关知识→汽车底盘大修→过程检验及竣工验收

156. 用万用表测量交流发电机整流二极管和励磁二极管的电阻值，均应为（　　）Ω，否则更换二极管底板。

A. 40～60　　B. 50～80

C. 20～30　　　　D. 30～50

【解析】答案：C

本题主要是考核汽车大修过程检验：用万用表测量交流发电机整流二极管和励磁二极管的电阻值，均应为20～30 Ω，否则更换二极管底板。

【鉴定点分布】相关知识→汽车电气设备修理→充电系统的修理

157. 汽车模拟示波器波形轨迹的亮度取决于（　　）。

A. 电压信号的速度和波形的重现率

B. 调整情况

C. 电压信号的速度

D. 信号的强弱

【解析】答案：A

本题主要是考核示波器的结构、原理与使用：汽车模拟示波器波形轨迹的亮度取决于电压信号的速度和波形的重现率。

【鉴定点分布】相关知识→汽车电气设备修理→充电系统的修理

158. 下列汽车电路图中（　　）对维修人员实用性较差。

A. 敷线图　　　　B. 线束安装图

C. 电路原理图　　　　D. 系统电路图

【解析】答案：C

本题主要是考核电气设备线路图：电路原理图对维修人员实用性较差。

【鉴定点分布】相关知识→汽车电气设备修理→充电系统的修理

159. 汽车用电维修设备注意（　　）。

A. 防水　　　　B. 不带电维修

C. 要加接地线　　　　D. 以上全对

【解析】答案：D

本题主要是考核安全技术培训：汽车用电维修设备注意防水、不带电维修、要加接地线等措施。

【鉴定点分布】相关知识→汽车电气设备修理→充电系统的修理

160. 汽车维修作业时由于电路短路引起火灾首先应（　　）。

A. 用水扑救　　　　B. 切断电源

C. 用布盖住　　　　D. 用干粉灭火机灭火

【解析】答案：B

本题主要是考核安全技术培训：汽车维修作业时由于电路短路引起火灾首先应切

断电源。

【鉴定点分布】相关知识→汽车电气设备修理→充电系统的修理

二、判断题（将判断结果填入括号中。正确的填“√”，错误的填“×”。每题0.5分，满分20分）

（　）161. 同一支路中流过所有元件的电流都相等。

【解析】答案：√

本题主要是考核串联电路的特点：

(1) 串联电路中流经每个电阻的电流都相等，即

$$I=I_1=I_2=I_3=\cdots=I_n$$

(2) 电阻串联后的等效电阻（总电阻）等于分电阻的总和，即

$$R=R_1+R_2+R_3+\cdots+R_n$$

(3) 总电阻两端的总电压等于各个电阻两端的电压之和，即

$$U=U_1+U_2+U_3+\cdots+U_n$$

【鉴定点分布】基本要求→基础知识→电工基本知识

（　）162. 在纯电阻电路中，表达式$U=iR$ 、$U_m=RI_m$和$U=RI$都是正确的。

【解析】答案：√

本题主要是考核纯电阻电路的概念：纯电阻电路就是除电源外，只有电阻元件的电路，或有电感和电容元件，但它们对电路的影响可忽略。电压与电流同频且同相位。电阻将从电源获得的能量全部转变成内能，这种电路就叫作纯电阻电路。基本上，只要电能除了转化为热能以外没有其他能的转化，此电路为纯电阻电路。

准确来说，欧姆定律全部式子都能在纯电阻电路中使用。

【鉴定点分布】基本要求→基础知识→电工基本知识

（　）163. 二极管长期工作时，允许加到二极管两端的最高反向电压称为最高反向工作电压。

【解析】答案：√

本题主要是考核晶体管的概念：二极管长期工作时，允许加到二极管两端的最高反向电压称为最高反向工作电压。

【鉴定点分布】基本要求→基础知识→电工基本知识

（　）164. 三极管的参数是用来表示三极管的各种性能指标和应用范围，是评价三极管质量优劣和选用三极管的依据。

【解析】答案：√

本题主要是考核晶体管的概念：三极管的参数是用来表示三极管的各种性能指标和应用范围，是评价三极管质量优劣和选用三极管的依据。

【鉴定点分布】基本要求→基础知识→电工基本知识

（　）165. 电控发动机进气压力传感器测量进气管进气压力。

【解析】答案：√

本题主要是考核传感器的概念：压力传感器在汽车上的应用非常广泛，其中进气歧管绝对压力传感器在电喷系统应用最为典型。进气歧管绝对压力传感器应用在D型EFI汽油喷射系统中，它是D型汽油喷射系统的重要部件，相当于L型EFI汽油喷射系统中的空气流量传感器。进气歧管绝对压力传感器的功能是根据发动机的负荷状况检测出进气歧管内压力的变化，并转换成电信号与转速信号一起输入ECU中，作为发动机基本喷油量控制和点火控制的依据。进气歧管绝对压力（或简称进气管压力）传感器有的安装在发动机驾驶室内，有的车型安装在发动机ECU控制盒内，但安装在进气歧管上的车型较多。

【鉴定点分布】基本要求→基础知识→汽车电气设备与电子控制装置

（　）166. 汽车轮胎换位在二级维护时进行。

【解析】答案：√

本题主要是考核质量管理知识：汽车二级维护应该进行轮胎换位。

【鉴定点分布】基本要求→基础知识→质量管理知识

（　）167. CO含量达60%～65%时，会使人死亡。

【解析】答案：√

本题主要是考核环境保护知识：CO含量达60%～65%时，会使人死亡。

【鉴定点分布】基本要求→基础知识→环境保护知识

（　）168. 汽车装用蒸发污染控制系统收集汽油蒸气。

【解析】答案：√

本题主要是考核环境保护知识：汽车装用蒸发污染控制系统收集汽油蒸气。

【鉴定点分布】基本要求→基础知识→环境保护知识

（　）169. 一个部件的修理方案只有一种。

【解析】答案：×

本题主要是考核修理工艺过程：一个部件的修理方案有很多种，但最佳方案只有一种。

【鉴定点分布】相关知识→汽车底盘大修→编制汽车底盘典型零部件修理工艺卡

（　）170. 汽车修理工艺规程的确定，首先要考虑经济上合理性。

【解析】答案：×

本题主要是考核零件修复工艺规程制定的原则和方法：

质量是企业的生命，也是为用户服务的首要宗旨。汽车维修质量关系到汽车的动力性、经济性、安全性，关系到运输企业的经济效益。因此，在确定工艺规程时，一定要在保证汽车大修质量的前提下进行。

【鉴定点分布】相关知识→汽车底盘大修→编制汽车底盘典型零部件修理工艺卡

（　）171. 汽车修理卡片格式与内容，国家有统一规定。

【解析】答案：×

本题主要是考核汽车修理工艺卡：汽车修理工艺的内容复杂，工序较多，工艺卡片很难做成统一的形式，一般根据不同工种或作业性质制成不同的工艺卡片。如拆卸工艺卡片、检验工艺卡片、零件修复工艺卡片、调试工艺卡片、装配工艺卡片等单一形式。也有把零件或总成编制成检、修、调、装、试的综合卡片形式。

【鉴定点分布】相关知识→汽车底盘大修→编制汽车底盘典型零部件修理工艺卡

（　）172. 拉出发动机湿式旧缸套后，可用砂纸轻磨使其显现出金属光泽。

【解析】答案：√

本题主要是考核气缸的修理工艺：拉出发动机湿式旧缸套后，可用砂纸轻磨使其显现出金属光泽。

【鉴定点分布】相关知识→发动机大修→编制发动机典型零部件修理工艺卡

（　）173. 汽车变速器齿轮采用退火处理。

【解析】答案：×

本题主要是考核变速器修理技术标准：汽车变速器齿轮不采用退火处理。

汽车变速器齿轮的热处理工艺如下：

下料→锻造→正火→机械加工→渗碳→淬火→低温回火→喷丸处理→精机械加工。

【鉴定点分布】相关知识→汽车底盘大修→编制汽车底盘典型零部件修理工艺卡

（　）174. 汽车变速器齿轮的热处理工艺要有正火，目的是消除应力，为渗碳、淬火做好组织准备。

【解析】答案：√

本题主要是考核变速器齿轮的材料及热处理工艺。变速器齿轮工艺路线：下料→锻造→正火→机械加工→渗碳→淬火→低温回火→喷丸处理→精机械加工。

汽车变速器齿轮的热处理工艺中正火的目的是消除应力，为渗碳、淬火做好组织准备。

【鉴定点分布】相关知识→汽车底盘大修→编制汽车底盘典型零部件修理工艺卡

（　　）175. 测绘零件草图，首先要测量尺寸进行标注，然后注出表面粗糙度，写明技术要求。

【解析】 答案：×

本题主要是考核零件草图的绘制。

测绘零件草图一般步骤如下：

(1) 根据零件的大小、复杂程度和表达方案，确定恰当的绘图比例和图幅。

(2) 画图框线和标题栏，定出主要视图的位置线，如主要轴线、中心线和作图基准线等。

(3) 目测徒手绘图。

(4) 检查、修正全图，擦掉不必要的图线；确定三个方向的尺寸基准，画出所有尺寸的尺寸界线、尺寸线和尺寸箭头；画剖面线。

(5) 测量并确定所有尺寸。对于标准结构（如键槽、倒角等）的尺寸，应查阅有关手册或进行计算后再填写。

(6) 注写必要的技术要求，填写标题栏，完成零件草图。

【鉴定点分布】 相关知识→发动机大修→编制发动机典型零部件修理工艺卡

（　　）176. 零件产生动不平衡的原因是零件材料强度不够。

【解析】 答案：×

本题主要是考核汽车零件位置误差的检验方法和检具：零件产生动不平衡的原因是制造质量不均匀。

【鉴定点分布】 相关知识→发动机大修→编制发动机典型零部件修理工艺卡

（　　）177. 人员少、占地小、成本低的修理厂应选择就车修理法。

【解析】 答案：√

本题主要是考核汽车修理作业方法：人员少、占地小、成本低的修理厂应选择就车修理法。

【鉴定点分布】 相关知识→发动机大修→编制发动机典型零部件修理工艺卡

（　　）178. 汽车零件的尺寸、形状、位置误差及表面质量均不符合大修标准，但修复后可用且经济，应属于可用件。

【解析】 答案：×

本题主要是考核汽车零件检验分类：可用零件是指虽有一定的损伤，但其尺寸及形状误差均在允许范围内，符合大修技术标准，仍可继续使用的零件。

【鉴定点分布】 相关知识→发动机大修→编制发动机典型零部件修理工艺卡

（　　）179. 发动机曲轴扭曲变形只是个别缸卡缸造成的。

【解析】答案：×

本题主要是考核曲轴的检验：发动机曲轴扭曲变形的原因主要是个别活塞卡缸、个别气缸不工作或各缸工作不均衡，各道主轴承松紧度不一致，发动机长期在超负荷或爆燃等条件下工作，汽车起步过猛或紧急制动时未切断动力源所造成。

【鉴定点分布】相关知识→发动机大修→编制发动机典型零部件修理工艺卡

（　）180. 发动机曲轴轴承的修理，需要进行刮配，要求接触面积不小于85%。

【解析】答案：×

本题主要是考核曲轴的修理：发动机曲轴轴承的手工刮削，只适用于小型修理单位和小修作业中采用（有些车型发动机不宜用这种方法）。按工艺技术要求，用手工刮削的轴承，要求接触均匀，且接触面积不得少于75%。

【鉴定点分布】相关知识→发动机大修→发动机总成大修

（　）181. 在发动机大修时，应根据气缸的修理尺寸选配同一修理级别的活塞。

【解析】答案：√

本题主要是考核汽车拆卸工艺与设备：在发动机大修时，应根据气缸的修理尺寸选配同一修理级别的活塞。

【鉴定点分布】相关知识→发动机大修→发动机总成大修

（　）182. 安装AFE发动机活塞环，有“TOP”标记应朝向下方。

【解析】答案：×

本题主要是考核总成装配尺寸链的概念：安装AFE发动机活塞环，有“TOP”标记应朝向上方。

【鉴定点分布】相关知识→发动机大修→发动机总成大修

（　）183. 十字轴滚针轴承个别磨损、疲劳剥落或折断，只更换去损伤的滚针即可。

【解析】答案：×

本题主要是考核传动轴装配技术要求：十字轴滚针轴承个别磨损、疲劳剥落或折断，需更换新的轴承。

【鉴定点分布】相关知识→汽车底盘大修→汽车底盘总成大修

（　）184. 检查机械循环球式转向器扇形齿与齿条啮合印迹时，该印迹应处在两齿面中间位置，印迹的方向大致与摇臂轴中心线相平行。

【解析】答案：√

本题主要是考核转向器装配技术要求：检查机械循环球式转向器扇形齿与齿条啮合印迹时，该印迹应处在两齿面中间位置，印迹的方向大致与摇臂轴中心线相平行。

【鉴定点分布】相关知识→汽车底盘大修→汽车底盘总成大修

（　　）185. 汽车变速器总成组装后，必须进行磨合试验，试验前应加入齿轮油。

【解析】答案：×

本题主要是考核变速器装配技术要求：变速器装合后，应在试验台上磨合并进行无负荷、有负荷试验。负荷为传递最大转矩的30%左右。运转前，选用并按规定容量加注清洁的汽油机润滑油。各挡运转时间的总和一般不少于1 h。

【鉴定点分布】相关知识→汽车底盘大修→汽车底盘总成大修

（　　）186. 货车以发动机为主，结合车厢符合大修条件作为汽车大修送修标志。

【解析】答案：×

本题主要是考核汽车大修送修标志：载货汽车以发动机附离合器总成为主，结合车架或者两个及两个以上其他主要总成需大修时，即可组织整车大修。

【鉴定点分布】相关知识→汽车底盘大修→汽车底盘总成大修

（　　）187. 挂车大修送修标志是挂车车架和货箱符合大修条件。

【解析】答案：√

本题主要是考核汽车大修送修标志：挂车大修送修标志是挂车车架（包括转盘）和货箱符合大修条件。

【鉴定点分布】相关知识→汽车底盘大修→过程检验及竣工验收

（　　）188. 壳体变形、破裂就是汽车后桥总成大修送修标志。

【解析】答案：√

本题主要是考核后桥总成大修送修标志：桥壳破裂、变形，半轴套管承孔磨损超过极限，主减速器齿轮恶性磨损，需要校正或恢复性修理。

【鉴定点分布】相关知识→汽车底盘大修→过程检验及竣工验收

（　　）189. 汽车四轮定位检测在静态情况可进行。

【解析】答案：√

本题主要是考核车辆大修进厂检验：汽车四轮定位检测在静态情况可进行。

【鉴定点分布】相关知识→汽车底盘大修→过程检验及竣工验收

（　　）190. 汽车承修方在保证期内维修质量发生故障或提前损坏时，必须及时排除，免费维修。

【解析】答案：√

本题主要是考核发动机大修过程检验：汽车承修方在保证期内维修质量发生故障或提前损坏时，必须及时排除，免费维修。

【鉴定点分布】相关知识→汽车底盘大修→过程检验及竣工验收

（　　）191. 汽车发动机大修后，最大功率和最大转矩不允许低于原设计额定值的 85%。

【解析】 答案：×

本题主要是考核汽车大修竣工的发动机技术性能检查：汽车发动机大修后，最大功率和最大转矩不允许低于原设计额定值的 90%。

【鉴定点分布】 相关知识→发动机大修→过程检验及竣工验收

（　　）192. 发动机每循环实际进入气缸的新鲜充量与在进气状态下充满气缸工作容积的新鲜充量的比值，称为发动机充气效率。

【解析】 答案：√

本题主要是考核发动机充气效率：发动机每循环实际进入气缸的新鲜充量与在进气状态下充满气缸工作容积的新鲜充量的比值，称为发动机充气效率。

【鉴定点分布】 相关知识→发动机大修→过程检验及竣工验收

（　　）193. 汽油发动机有效功率 P_e 随转速增加一直增加。

【解析】 答案：×

本题主要是考核发动机的性能指标：由汽油机外特性曲线可知有效功率 P_e 随转速增加先增加，后稍有下降。

【鉴定点分布】 相关知识→发动机大修→过程检验及竣工验收

（　　）194. 车辆从购置到报废全过程的技术管理，应系统地记入车辆技术档案。

【解析】 答案：√

本题主要是考核车辆技术档案的建立：车辆从购置到报废全过程的技术管理，应系统地记入车辆技术档案。

【鉴定点分布】 相关知识→发动机大修→过程检验及竣工验收

（　　）195. 汽车制动性能主要从制动效能的稳定性和制动时方向稳定性两方面来评定。

【解析】 答案：√

本题主要是考核汽车制动性能：汽车制动性能主要从制动效能的稳定性和制动时方向稳定性两方面来评定。

【鉴定点分布】 相关知识→汽车底盘大修→汽车底盘总成大修

（　　）196. 汽车左右轮制动力增长不一致，会导致跑偏。

【解析】 答案：√

本题主要是考核汽车制动性能：汽车左右轮制动力增长不一致，会导致跑偏。

【鉴定点分布】 相关知识→诊断与排除汽车底盘故障→诊断与排除汽车制动故障

（　）197. 通常采用车身振动的固有频率作为汽车平顺性的评价指标。

【解析】 答案：√

本题主要是考核汽车的平顺性：通常采用车身振动的固有频率作为汽车平顺性的评价指标。

【鉴定点分布】 相关知识→汽车底盘大修→汽车底盘总成大修

（　）198. 汽车制动性能台试检测项目中包含车轮阻滞力的检测。

【解析】 答案：√

本题主要是考核汽车制动性检测项目：汽车制动性能台试检测项目中包含车轮阻滞力的检测。

【鉴定点分布】 相关知识→诊断与排除汽车底盘故障→诊断与排除汽车制动故障

（　）199. 使用发动机废气分析仪时，从排气管取出取样导管，指示值必须能回到零。

【解析】 答案：√

本题主要是考核废气分析仪：使用发动机废气分析仪时，从排气管取出取样导管，指示值必须能回到零。

【鉴定点分布】 相关知识→诊断与排除发动机故障→诊断与排除发动机油路、电路故障

（　）200. 汽车 VIN 第十位英文字母表示生产年代。

【解析】 答案：√

本题主要是考核汽车 VIN 编码：汽车 VIN 第十位英文字母表示生产年代。

【鉴定点分布】 相关知识→发动机大修→过程检验与竣工验收

高级汽车修理工理论知识考试试卷（三）及其详解

一、单项选择题（下列答案中只有一个是正确的，请将正确答案的序号填在括号内。每题0.5分，总计80分）

1. 职业道德是一种（　　）的约束机制。

A. 强制性　　B. 非强制性　　C. 随意性　　D. 自发性

【解析】 答案：B

本题主要是考核职业道德的定义：职业道德是职业品德、职业纪律、专业胜任能力及职业责任等的总称，属于自律范围，它通过公约、守则等对职业生活中的某些方面加以规范。职业道德既是本行业人员在职业活动中的行为规范，又是行业对社会所负的道德责任和义务。

【鉴定点分布】 基本要求→职业道德及相关法律知识→职业道德基础知识

2. 市场经济条件下，职业道德最终将对企业起到（　　）的作用。

A. 决策科学化　　B. 提高竞争力

C. 决定经济效益　　D. 决定前途于命运

【解析】 答案：B

本题主要是考核职业道德的功能：职业道德的基本规范里有一条是诚实守信。其基本作用是树立企业的信誉，树立起值得他人信赖的道德形象。谁的信誉高，谁在竞争中就能占据优势地位。

【鉴定点分布】 基本要求→职业道德及相关法律知识→职业道德的基本概念

3. 下列选项中属于企业文化功能的是（　　）。

A. 辐射功能　　B. 技术培训功能

C. 科学研究功能　　D. 社交功能

【解析】 答案：A

本题主要是考核企业文化的功能：企业文化具有五大功能：导向功能、约束功能、凝聚功能、激励功能、辐射功能。

【鉴定点分布】 基本要求→职业道德及相关法律知识→职业道德基础知识

4. 下列选项中属于职业道德作用的是（　　）。

A. 增强企业的凝聚力　　B. 增强企业的离心力

C. 决定企业的经济效益　　D. 增强企业员工的独立性

【解析】 答案：A

本题主要是考核职业道德对企业的作用：职业道德通过企业文化加以引导，结合企业规章制度予以约束，并组织员工活动增强员工的归属感，来增强企业凝聚力。

【鉴定点分布】 基本要求→职业道德及相关法律知识→职业道德基础知识

5. 爱岗敬业作为职业道德的重要内容，是指员工（　　）。

A. 在本职工作干一辈子　　B. 热爱有钱的岗位

C. 强化职业责任　　D. 不应多转行

【解析】 答案：C

本题主要是考核爱岗敬业的概念及要求：社会主义职业道德主要规范：爱岗敬业、诚实守信、办事公道、服务群众、奉献社会。爱岗敬业，认真对待自己的岗位，对自己的岗位职责，无论在任何时候，都要尊重自己的岗位职责，认真履行自己岗位职责。这是社会对每个社会成员个体的普遍性的、最基本的道德要求。

【鉴定点分布】 基本要求→职业道德及相关法律知识→职业道德基础知识

6. 勤劳节俭的现代意义在于（　　）。

A. 勤劳节俭是促进经济和社会发展的重要手段

B. 勤劳是现代市场经济需要的，而节俭则不宜提倡

C. 节俭阻碍消费，因而会阻碍市场经济的发展

D. 勤劳节俭只有利于节省资源，但与提高生产力无关

【解析】 答案：A

本题主要是考核勤俭节约的意义：勤俭节约历来是中华民族的传统，即使现代生活富裕了，人们仍然要勤俭节约。

【鉴定点分布】 基本要求→职业道德及相关法律知识→职业道德基础知识

7. 某导体在 3 min 内均匀流过横截面的电量为 9 C，问流过该导体的电流是（　　）mA。

A. 20　　B. 25　　C. 40　　D. 50

【解析】 答案：D

本题主要是考核电流的概念：由电流的计算公式 $I=Q/t$ 得，$I=9/180\ \text{A}=50\ \text{mA}$。

【鉴定点分布】 基本要求→基础知识→电工基本知识

8. 电与磁都是物质运动的基本形式，两者之间密不可分，统称为（　　）。

A. 电磁现象　　B. 磁化　　C. 磁场　　D. 磁力

【解析】 答案：A

本题主要是考核电磁概念：电与磁都是物质运动的基本形式，两者之间密不可分，统称为电磁现象。

【鉴定点分布】 基本要求→基础知识→电工基本知识

9.1 kW・h 电可供一只“220 V、25 W”的灯泡正常发光的时间是（　　）h。

A. 20　　B. 25　　C. 40　　D. 45

【解析】 答案：C

本题主要是考核功率概念：$t=1\,000/25=40$ h。

【鉴定点分布】 基本要求→基础知识→电工基本知识

10. 基尔霍夫第一定律又叫作节点电流定律，其数学表达式是（　　）。

A. $\sum I_{入}=\sum I_{出}$　　B. $\sum IR=\sum E$

C. $\sum U=0$　　D. $I=U/R$

【解析】 答案：A

本题主要是考核基尔霍夫第一定律概念：对电路中的任意节点，流入节点的电流之和恒等于流出节点的电流之和，称其为基尔霍夫第一定律，也叫基尔霍夫节点电流定律。即

$$\sum I_{i}=\sum I_{o}$$

如果设想流入节点的电流为正，流出节点的电流为负，则基尔霍夫第一定律也可表述为：

$$\sum I=0$$

即对任何节点，流入的净电流为零。

【鉴定点分布】 基本要求→基础知识→电工基本知识

11. 在均匀磁场中，通电线圈的平面与磁力线垂直时线圈受到的转矩（　　）。

A. 最大　　B. 最小　　C. 为零　　D. 不变

【解析】 答案：A

本题主要是考核磁场对电流的作用：根据 $F=BIL\sin\alpha$ 得知，只有 $\sin\alpha=1$，$\alpha=90°$时，F 最大。

【鉴定点分布】 基本要求→基础知识→电工基本知识

12. 已知正弦量 $U=100\sin(314t+\pi/6)$，则其初相位是（　　）。

A. 100　　B. 314　　C. π/6　　D. π/3

【解析】答案：C

本题主要是考核交流电基础知识。

正弦交流电的电流、电压和电动势的瞬时值表达式为：

$$i=I_m\sin(\omega t+\varphi_i)$$

$$u=U_m\sin(\omega t+\varphi_u)$$

$$e=E_m\sin(\omega t+\varphi_e)$$

在交流电的瞬时值表达式中，角度 $(\omega t+\varphi_i)$、$(\omega t+\varphi_u)$、$(\omega t+\varphi_e)$ 分别叫交流电电流、电压和电动势的相位角，简称叫相位，是决定正弦交流电在某一时刻所处状态的物理量。

而初相角就是指正弦交流电在计时起点 $t=0$ 时的相位角度值，也即：交流电电流、电压和电动势的初相角分别是 φ_i、φ_u、φ_e。

【鉴定点分布】基本要求→基础知识→电工基本知识

13.（　　）具有单向导电性。

A. 二极管　　B. 三极管　　C. 稳压管　　D. 电容

【解析】答案：A

本题主要是考核晶体管知识：二极管具有单向导电性。

【鉴定点分布】基本要求→基础知识→电工基本知识

14. 常用三极管的电流放大系数一般在（　　）之间。

A. 10～20　　B. 20～200

C. 200～400　　D. 400～600

【解析】答案：B

本题主要是考核三极管知识：交流放大系数。当集电极与发射极电压为规定值时，集电极电流的变化量 $\triangle I_c$ 与基极电流的相应变化量 $\triangle I_b$ 的比值，叫作三极管的交流电流放大系数，用 β 来表示，即

$$\beta=\triangle I_c/\triangle I_b$$

β 值的大小与三极管工作有关，一般在 20～200 之间。

【鉴定点分布】基本要求→基础知识→电工基本知识

15.（　　）回路的作用是使液压系统的某一支路获得低于系统主油路工作压力的压力油。

A. 调压　　B. 减压　　C. 增压　　D. 换向

【解析】答案：B

本题主要是考核液压回路知识：减压回路的作用是使液压系统的某一支路获得低

于系统主油路工作压力的压力油。

【鉴定点分布】 基本要求→基础知识→液压传动

16. 节流阀属于（　　）。

A. 压力阀　　B. 流量阀　　C. 方向阀　　D. 液压辅件

【解析】 答案：B

本题主要是考核液压阀知识：流量控制阀是用来控制和调节液压系统中液压油流量的阀。常用的有节流阀、调速阀和分流阀等。

【鉴定点分布】 基本要求→基础知识→液压传动

17. 汽车上的液压制动系统属于（　　）式液压传动。

A. 动力　　B. 容积　　C. 压力　　D. 体积

【解析】 答案：B

本题主要是考核液压传动在汽车上的应用：汽车上的液压制动系统属于容积式液压传动。

【鉴定点分布】 基本要求→基础知识→液压传动

18. 卧式气动举升小车在使用前须检查（　　）机构工作是否正常。

A. 自锁　　B. 气缸　　C. 托板　　D. 举升臂

【解析】 答案：C

本题主要是考核举升器的分类及使用：卧式气动举升小车在使用前须检查托板机构工作是否正常。

【鉴定点分布】 基本要求→基础知识→汽车维修机具性能和使用

19. 就车式平衡机按（　　）原理工作。

A. 静平衡　　B. 动平衡　　C. 平衡　　D. A或B

【解析】 答案：A

本题主要是考核车轮平衡机的分类及使用：车轮平衡机有汽车车轮就车平衡机和车下车轮平衡机之分。都是用来检测与调准汽车车轮的动、静平衡，保证车轮运转安全平稳，减少轴承磨损。

就车式平衡机按静平衡原理工作。

【鉴定点分布】 基本要求→基础知识→汽车维修机具性能和使用

20. 环境温度为15℃时，蓄电池的电解液的密度一般为（　　）g/cm^3。

A. 1.05～1.12　　B. 1.12～1.18

C. 1.18～1.24　　D. 1.24～1.28

【解析】 答案：D

本题主要是考核蓄电池的结构：蓄电池的电解液由专用硫酸和蒸馏水配制而成。环境温度为15℃时，蓄电池的电解液的密度一般为1.24～1.28 g/cm³。

【鉴定点分布】基本要求→基础知识→汽车电气设备与电子控制装置

21. 汽车发电机过载时，（　　）协助发电机向用电设备供电。

A. 起动机　　B. 点火线圈　　C. 分电器　　D. 蓄电池

【解析】答案：D

本题主要是考核蓄电池的性能：汽车电源只有两个，蓄电池和发电机。发动机正常运转情况下，发电机向各用电设备供电及向蓄电池充电。当汽车发电机过载时，蓄电池协助发电机向用电设备供电。

【鉴定点分布】基本要求→基础知识→汽车电气设备与电子控制装置

22. 汽车发电机（　　）用来产生三相交流电。

A. 转子总成　　B. 定子总成

C. 整流器　　D. 电压调节器

【解析】答案：B

本题主要是考核发电机的结构：定子又称电枢，用来产生三相交流电。它由定子铁芯和三相绕组组成。定子铁芯由相互绝缘的环状硅钢片叠成。铁芯槽内绕有三相对称绕组，三相绕组多为星形连接，一般接有中性线。三相绕组的起端U、V、W、（或末端X、Y、Z）在定子槽内的排列必须相隔120°相位角，分别与散热板和硅二极管相接。

【鉴定点分布】基本要求→基础知识→汽车电气设备与电子控制装置

23. 在汽车发动机运转的大部分时间里，由（　　）向各用电设备供电。

A. 起动机　　B. 交流发电机

C. 分电器　　D. 点火线圈

【解析】答案：B

本题主要是考核发电机的功用：汽车起动时，蓄电池向各用电设备供电。汽车起动后，在汽车发动机运转的大部分时间里，由交流发电机向各用电设备供电。

【鉴定点分布】基本要求→基础知识→汽车电气设备与电子控制装置

24. 汽车发电机“L”接柱与（　　）相连。

A. 充电指示灯　　B. 点火开关

C. 蓄电池　　D. 搭铁

【解析】答案：A

本题主要是考核发电机结构：汽车发电机“L”接柱与充电指示灯相连。

【鉴定点分布】基本要求→基础知识→汽车电气设备与电子控制装置

25. 汽车起动机（　　）用于接通、切断电动机和蓄电池之间的电路。

A. 传动机构　　B. 点火开关　　C. 控制装置　　D. 单向离合器

【解析】答案：C

本题主要是考核起动系的结构：汽车起动机控制装置用于接通、切断电动机和蓄电池之间的电路。

【鉴定点分布】基本要求→基础知识→汽车电气设备与电子控制装置

26. 汽车点火系可以将电源供给的（　　）V 低压电变为 15～30 kV 的高压电。

A. 12　　B. 24　　C. 6　　D. 3

【解析】答案：A

本题主要是考核点火系的作用：汽车点火系可以将电源供给的 12 V 低压电变为 15～30 kV 的高压电。

【鉴定点分布】基本要求→基础知识→汽车电气设备与电子控制装置

27. 对四冲程发动机而言，发动机曲轴与分电器的转速比为（　　）。

A. 1∶2　　B. 2∶1　　C. 1∶1　　D. 1∶3

【解析】答案：B

本题主要是考核分电器的结构：对四冲程发动机而言，曲轴转 2 圈，完成一个工作循环。分电器轴转 1 圈，发动机气缸点火一次，完成一个工作循环。

【鉴定点分布】基本要求→基础知识→汽车电气设备与电子控制装置

28. 真空式点火提前装置的作用是当发动机负荷发生变化时自动调整（　　）提前角。

A. 转速　　B. 喷油　　C. 供油　　D. 点火

【解析】答案：D

本题主要是考核分电器的结构及作用：真空式点火提前装置的作用是当发动机负荷发生变化时自动调整点火提前角。

【鉴定点分布】基本要求→基础知识→汽车电气设备与电子控制装置

29. 汽车安全气囊开始膨胀到瘪气的时间约（　　）s。

A. 1　　B. 2　　C. 3　　D. 0.1

【解析】答案：D

本题主要是考核安全气囊的作用：汽车安全气囊开始膨胀到瘪气的时间约 0.1 s。

【鉴定点分布】基本要求→基础知识→汽车电气设备与电子控制装置

30. 集成电路常用英文字母（　　）表示。

A. IC　　B. RC　　C. LC　　D. LR

【解析】 答案：A

本题主要是考核集成电路：集成电路常用英文字母 IC 表示。

【鉴定点分布】 基本要求→基础知识→汽车电气设备与电子控制装置

31. 汽车车速传感器一般安装在（　）上。

A. 车轮　　B. 轮毂　　C. 发动机　　D. 变速器

【解析】 答案：D

本题主要是考核车速传感器的作用：车速传感器的作用是测量汽车的行驶速度，作为 ECU 控制发动机怠速、减速工况的空燃比，自动变速器的换挡时刻等的依据之一。一般安装在变速器的输出轴旁边。

【鉴定点分布】 基本要求→基础知识→汽车电气设备与电子控制装置

32. 将模拟量转换成数字量的是（　）。

A. 输入回路　　B. A/D 转换器　　C. 存储器　　D. 执行器

【解析】 答案：B

本题主要是考核 ECU 的组成：从传感器输出的信号输入给 ECU 后，首先通过输入回路。其中数字信号直接输入微型计算机，模拟信号则由 A/D 转换器转换成数字信号后再输入微型计算机。

【鉴定点分布】 基本要求→基础知识→汽车电气设备与电子控制装置

33. 发动机活塞销异响是一种（　）响声。

A. 无节奏的　　B. 浑浊有节奏的

C. 钝哑无节奏的　　D. 嗒嗒声

【解析】 答案：D

本题主要是考核发动机异响的现象、原因：发动机活塞销异响是一种嗒嗒声。

【鉴定点分布】 相关知识→诊断与排除发动机故障→诊断与排除发动机异响

34. 若发动机活塞敲缸异响，低温响声大，高温响声小，则为（　）。

A. 活塞与缸壁间隙过大　　B. 活塞质量差

C. 连杆弯曲变形　　D. 机油压力低

【解析】 答案：A

本题主要是考核发动机异响的诊断排除方法：若发动机活塞敲缸异响，低温响声大，高温响声小，则为活塞与缸壁间隙过大。

【鉴定点分布】 相关知识→诊断与排除发动机故障→诊断与排除发动机异响

35. 汽车发动机不能起动的主要原因是（　）。

A. 油路不过油　　　　B. 混合气过稀或过浓

C. 点火过迟　　　　D. 点火过早

【解析】答案：A

本题主要是考核燃料供给系和点火系综合故障：油路不过油造成发动机不能起动。

【鉴定点分布】相关知识→诊断与排除发动机故障→诊断与排除发动机油路、电路故障

36. 柴油发动机动力不足，这种故障往往伴随着（　　）。

A. 气缸敲击声　　　　B. 气门敲击声

C. 排气烟色不正常　　　　D. 排气烟色正常

【解析】答案：C

本题主要是考核柴油机燃料供给系的故障现象：柴油发动机动力不足，这种故障往往伴随着排气烟色不正常。

【鉴定点分布】相关知识→诊断与排除发动机故障→诊断与排除发动机油路、电路故障

37. 柴油发动机起动困难，应从（　　）、燃油雾化、压缩终了时的气缸压力和温度等方面查找原因。

A. 喷油时刻　　　　B. 油箱内无油

C. 燃油输送　　　　D. 喷油泵驱动联轴器损坏

【解析】答案：A

本题主要是考核柴油机燃料供给系的故障诊断：柴油发动机起动困难，应从喷油时刻、燃油雾化、压缩终了时的气缸压力和温度等方面查找原因。

【鉴定点分布】相关知识→诊断与排除发动机故障→诊断与排除发动机油路、电路故障

38. 发动机每循环实际进入气缸的新鲜充量与在进气状态下充满气缸工作容积的新鲜充量的比值，称为发动机的（　　）。

A. 过量空气系数　　　　B. 充气效率

C. 充气比　　　　D. 燃气比

【解析】答案：B

本题主要是考核发动机充气效率：发动机每循环实际进入气缸的新鲜充量与在进气状态下充满气缸工作容积的新鲜充量的比值，称为发动机的充气效率。

【鉴定点分布】相关知识→诊断与排除发动机故障→诊断与排除发动机油路、电路故障

39. 下述影响发动机充气效率的是（　　）。

A. 润滑油品质　　B. 空燃比

C. 进气终了时压力　　D. 气缸容积

【解析】 答案：C

本题主要是考核发动机充气效率：发动机在燃烧过程中需要充足的氧气，影响发动机充气效率的因素有进气终了压力、进气终了温度、排气终了残余废气压力和温度；提高发动机充气效率的措施有：减小进气系统的流动损失、减少排气系统对气流的阻力、减小气门叠开角、合理选择配气正时，保证最好的充气效率。

【鉴定点分布】 相关知识→诊断与排除发动机故障→诊断与排除发动机油路、电路故障

40. 利用进气管的动态效应可以提高发动机的（　　）。

A. 机械效率　　B. 热效率　　C. 工作效率　　D. 充气效率

【解析】 答案：D

本题主要是考核发动机充气效率：发动机在换气过程中，由于间断进气而引起进气管内发生压力波动，这种现象称为进气管的动态效应。分析其原因，可归纳为惯性效应和波动效应两类。影响进气管动态效应的结构因素是进气管长度、直径和形状。

利用进气管的动态效应，可以有效地提高高转速时充气效率和改善转矩特性。

【鉴定点分布】 相关知识→诊断与排除发动机故障→诊断与排除发动机油路、电路故障

41. 汽油机缸内压力达到最大的时期为（　　）。

A. 着火延迟期　　B. 急燃期

C. 补燃期　　D. 后燃期

【解析】 答案：B

本题主要是考核汽油机燃烧过程：汽油机缸内压力达到最大的时期为急燃期。

【鉴定点分布】 相关知识→诊断与排除发动机故障→诊断与排除发动机油路、电路故障

42. 下面关于点火提前角和着火延迟期说法正确的是（　　）。

A. 两者无关

B. 前者影响后者

C. 前者对应时间等于后者对应时间

D. 前者对应时间大于后者对应时间

【解析】 答案：B

本题主要是考核影响汽油机燃烧过程的因素：点火提前角影响着火延迟期。

【鉴定点分布】 相关知识→诊断与排除发动机故障→诊断与排除发动机油路、电路故障

43. 发动机负荷对汽油机燃烧（　　）。

A. 影响较大　　B. 无影响

C. 影响较小　　D. 可能有影响

【解析】 答案：A

本题主要是考核影响汽油机燃烧过程的因素。

影响汽油机燃烧过程的因素有：

（1）可燃混合气成分。

（2）点火提前角。

（3）发动机转速。

（4）负荷。

（5）冷却水温度。

（6）压缩比。

【鉴定点分布】 相关知识→诊断与排除发动机故障→诊断与排除发动机疑难故障

44. 下列关于爆燃的说法正确的是（　　）。

A. 对发动机压缩比提高有限制作用

B. 轻微爆燃会造成热效率下降

C. 爆燃有助于提高汽车经济性

D. 爆燃有助于提高汽车动力性

【解析】 答案：A

本题主要是考核汽油机的不正常燃烧：汽油机燃烧过程中，火焰前锋以正常的传播速度向前推进，使得火焰前方未燃的混合气（末端混合气）受到已燃混合气强烈的压缩和热辐射作用，加速其先期反应，并放出部分热量，使其本身的温度不断升高，以至于在正常的火焰到达之前，末端混合气内部最适宜着火的部位，已出现一个或多个火焰中心，这种现象称为爆燃。

爆燃对发动机压缩比提高有限制作用。

【鉴定点分布】 相关知识→诊断与排除发动机故障→诊断与排除发动机疑难故障

45. 柴油在（　　）时被喷入气缸。

A. 进气行程终了　　B. 压缩行程中段

C. 压缩行程接近终了　　D. 排气行程终了

【解析】 答案：C

本题主要是考核柴油机的混合气形成：柴油机在进气行程中吸入的是纯空气。在

压缩行程接近终了时，柴油经喷油泵将油压提高到 10 MPa 以上，通过喷油器喷入气缸，在很短时间内与压缩后的高温空气混合，形成可燃混合气。由于柴油机压缩比高（一般为 16～22），所以压缩终了时气缸内空气压力可达 3.5～4.5 MPa，同时温度高达 750～1 000 K，大大超过柴油的自燃温度。因此柴油在喷入气缸后，在很短时间内与空气混合后便立即自行发火燃烧。

【鉴定点分布】 相关知识→诊断与排除发动机故障→诊断与排除发动机疑难故障

46. 下列关于发动机有效功率说法正确的是（　　）。

A. 有效功率为指示功率与机械损失功率之和

B. 有效功率实用价值较大

C. 有效功率用来评价经济性

D. 有效功率大于指示功率

【解析】 答案：B

本题主要是考核发动机的有效功率：发动机曲轴上所净输出的功率。是发动机扣除本身机械摩擦损失和带动其他辅机的外部损耗后向外有效输出的功率。

【鉴定点分布】 相关知识→诊断与排除发动机故障→诊断与排除发动机疑难故障

47. 发动机每小时耗油量大，则（　　）。

A. 动力性好　　B. 经济性越差

C. 经济性不一定差　　D. 耗油率 g_e 一定大

【解析】 答案：C

本题主要是考核发动机的性能指标：在其他因素没有确定的情况下，二者之间没有必然的联系。

【鉴定点分布】 相关知识→诊断与排除发动机故障→诊断与排除发动机疑难故障

48. 由汽油机外特性曲线可知有效功率 P_e（　　）。

A. 随转速增加而增加

B. 随转速增加而减小

C. 随转速增加先增加，后稍有下降

D. 无变化

【解析】 答案：C

本题主要是考核发动机的速度特性：汽油机有效功率 P_e 随转速增加先增加，后稍有下降。

【鉴定点分布】 相关知识→诊断与排除发动机故障→诊断与排除发动机疑难故障

49. 由汽油机负荷特性可知，耗油率随功率的增加而（　　）。

A. 减小　　　　B. 增加

C. 先减小后增加　　　　D. 不确定

【解析】答案：C

本题主要是考核发动机的负荷特性：汽油机耗油率随功率的增加，先减小后增加。

【鉴定点分布】相关知识→诊断与排除发动机故障→诊断与排除发动机疑难故障

50. 汽车综合性能检测线上发动机废气分析仪常采用（　　）型。

A. 无分光红外线　　　　B. 氢火焰离子

C. 化学发光　　　　D. 透光

【解析】答案：A

本题主要是考核车辆检测站的设备：汽车综合性能检测线上发动机废气分析仪常采用无分光红外线型。

【鉴定点分布】相关知识→诊断与排除发动机故障→诊断与排除发动机疑难故障

51. 电控燃油喷射发动机严禁在运转时，将（　　）从电路中断开。

A. 蓄电池　　　　B. 传感器

C. 点火线圈　　　　D. 电动汽油泵

【解析】答案：A

本题主要是考核电控燃油喷射发动机故障诊断：电控燃油喷射发动机严禁在运转时，将蓄电池从电路中断开。

【鉴定点分布】相关知识→诊断与排除发动机故障→诊断与排除电控发动机故障

52. 测试汽车有关电阻及传感器必须用（　　）万用表进行。

A. 模拟式　　　　B. 高阻抗数字式

C. 低阻抗数字式　　　　D. 模拟式或数字式

【解析】答案：B

本题主要是考核万用表的分类及使用方法：测试汽车有关电阻及传感器必须用高阻抗数字式万用表进行。

【鉴定点分布】相关知识→诊断与排除发动机故障→诊断与排除电控发动机故障

53. 电控燃油喷射发动机怠速不稳是指发动机在怠速运转时（　　）。

A. 转速过高　　　　B. 转速过低

C. 转速忽高忽低　　　　D. 突然熄火

【解析】答案：C

本题主要是考核电控燃油喷射系统的故障现象：电控燃油喷射发动机怠速不稳是指发动机在怠速运转时转速忽高忽低。

【鉴定点分布】相关知识→诊断与排除发动机故障→诊断与排除电控发动机故障

54. 电控发动机油压调节器是否有故障，可用（　　）来检查。

A. 模拟式万用表　　B. 万用表

C. 油压表　　D. 油压表或万用表

【解析】答案：C

本题主要是考核油压表的用途：电控发动机油压调节器是否有故障，可用油压表来检查。

【鉴定点分布】相关知识→诊断与排除发动机故障→诊断与排除电控发动机故障

55. 检测线路是否断路应选择万用表（　　）挡。

A. 直流电压　　B. 交流电压　　C. 欧姆　　D. 蜂鸣

【解析】答案：D

本题主要是考核万用表的使用方法：检测线路是否断路应选择万用表蜂鸣挡。

【鉴定点分布】相关知识→诊断与排除发动机故障→诊断与排除电控发动机故障

56. 将 220 V 交流试灯接在点火线圈一次绕组两端的接线柱上，灯亮则表示（　　）故障。

A. 有断路　　B. 有搭铁

C. 无断路　　D. 有断路或搭铁

【解析】答案：C

本题主要是考核电气故障诊断：将 220 V 交流试灯接在点火线圈一次绕组两端的接线柱上，灯亮则表示无断路故障。

【鉴定点分布】相关知识→诊断与排除发动机故障→诊断与排除电控发动机故障

57. 发动机电控燃油喷射系统按喷射方式分（　　）喷射。

A. 缸内和缸外　　B. 缸内和进气管

C. 间隙和连续　　D. 机械和电子

【解析】答案：C

本题主要是考核电控燃油喷射系统：发动机电控燃油喷射系统按喷射方式分间隙和连续喷射。

【鉴定点分布】相关知识→诊断与排除发动机故障→诊断与排除电控发动机故障

58. 电控汽油喷射发动机空气流量计的作用是（　　）。

A. 测量进气压力　　B. 测量进气流量

C. 测量进气压力或进气的质量　　D. 测量进气密度

【解析】答案：B

本题主要是考核电控燃油喷射系统：电控汽油喷射发动机空气流量计的作用是测量进气流量。

【鉴定点分布】相关知识→诊断与排除发动机故障→诊断与排除电控发动机故障

59. 电控汽油喷射发动机燃油泵布置在（　　）。

A. 油箱内　　B. 油箱外

C. 油箱内或外　　D. 发动机侧面

【解析】答案：C

本题主要是考核电控燃油喷射系统：电控汽油喷射发动机燃油泵布置在油箱内或外。

【鉴定点分布】相关知识→诊断与排除发动机故障→诊断与排除电控发动机故障

60. 电控汽油喷射发动机喷油器喷油量由（　　）决定。

A. 喷油时间　　B. 进气管真空

C. 系统油压　　D. 驱动电压或电流

【解析】答案：A

本题主要是考核电控燃油喷射系统：电控汽油喷射发动机喷油器喷油量由喷油时间决定。

【鉴定点分布】相关知识→诊断与排除发动机故障→诊断与排除电控发动机故障

61. 手动变速器异响，下列不是其现象的是（　　）。

A. 踏下离合器发响　　B. 低速挡发响

C. 个别挡位异响　　D. 温度过高

【解析】答案：D

本题主要是考核手动变速器异响的现象、原因：温度过高不是手动变速器异响的现象。

【鉴定点分布】相关知识→诊断与排除汽车底盘故障→诊断与排除底盘异响

62. 变速器中某常啮合齿轮副只更换了一个齿轮，可导致（　　）。

A. 异响　　B. 挂不上挡　　C. 脱挡　　D. 换挡困难

【解析】答案：A

本题主要是考核手动变速器异响的现象、原因：变速器中某常啮合齿轮副只更换了一个齿轮，可导致异响。

【鉴定点分布】相关知识→诊断与排除汽车底盘故障→诊断与排除底盘异响

63. 发动机不运转，空挡释放手制动，晃动第二轴凸缘，若其晃动量大，则说明（　　）。

A. 第二轴轴承松旷　　　　B. 齿轮松动
C. 啮合间隙过大　　　　D. 壳体变形

【解析】 答案：A

本题主要是考核手动变速器异响的诊断及排除方法：发动机不运转，空挡释放手制动，晃动第二轴凸缘，若其晃动量大，则说明第二轴轴承松旷。

【鉴定点分布】 相关知识→诊断与排除汽车底盘故障→诊断与排除底盘异响

64. 离合器从动盘钢片破裂造成（　　）异响。

A. 离合器　　　　B. 变速器
C. 驱动桥　　　　D. 万向传动轴

【解析】 答案：A

本题主要是考核离合器异响的现象、原因：离合器从动盘钢片破裂造成离合器异响。

【鉴定点分布】 相关知识→诊断与排除汽车底盘故障→诊断与排除底盘异响

65. 发动机怠速，踏下离合器踏板少许时，离合器有异响，则为（　　）。

A. 从动盘铆钉松动　　　　B. 从动盘钢片破裂
C. 传动片松动　　　　D. 分离轴承响

【解析】 答案：D

本题主要是考核离合器异响的诊断排除方法：发动机怠速，踏下离合器踏板少许时，离合器有异响，则为分离轴承响。

【鉴定点分布】 相关知识→诊断与排除汽车底盘故障→诊断与排除底盘异响

66. 已判断分离轴承异响，注润滑油再试响声增大，则为（　　）。

A. 分离轴承磨损严重　　　　B. 分离轴承损坏
C. 分离叉损坏　　　　D. 分离杠杆损坏

【解析】 答案：A

本题主要是考核离合器异响的诊断排除方法：已判断分离轴承异响，注润滑油再试响声增大，则为分离轴承磨损严重。

【鉴定点分布】 相关知识→诊断与排除汽车底盘故障→诊断与排除底盘异响

67. 万向传动装置异响的现象之一是（　　）时，车身发抖并能听到嚓啦的撞击声。

A. 起步　　B. 匀速行驶　　C. 低速行驶　　D. 急加速

【解析】 答案：A

本题主要是考核万向传动装置异响的现象、原因：万向传动装置异响的现象之一是起步时，车身发抖并能听到嚓啦的撞击声。

【鉴定点分布】相关知识→诊断与排除汽车底盘故障→诊断与排除底盘异响

68. 行驶中，突然改变速度时，出现一种金属撞击声，一般是（　　）。

A. 十字轴轴承松旷　　B. 连接螺栓松动

C. 传动轴等速万向节损坏　　D. 中间支承轴承散架

【解析】答案：A

本题主要是考核万向传动装置异响的诊断排除方法：行驶中，突然改变速度时，出现一种金属撞击声，一般是十字轴轴承松旷。

【鉴定点分布】相关知识→诊断与排除汽车底盘故障→诊断与排除底盘异响

69. 汽车后桥某一部位的齿轮啮合间隙过大，会使汽车在（　　）时发响。

A. 下坡　　B. 上坡　　C. 上、下坡　　D. 起步

【解析】答案：A

本题主要是考核后桥异响的现象、原因：汽车后桥某一部位的齿轮啮合间隙过大，会使汽车在下坡时发响。

【鉴定点分布】相关知识→诊断与排除汽车底盘故障→诊断与排除底盘异响

70. 当汽车（　　）时有异响，应检查齿轮的啮合间隙是否合适。

A. 加速　　B. 减速　　C. 起步　　D. 上、下坡

【解析】答案：D

本题主要是考核后桥异响的诊断排除方法：当汽车上、下坡时有异响，应检查齿轮的啮合间隙是否合适。

【鉴定点分布】相关知识→诊断与排除汽车底盘故障→诊断与排除底盘异响

71. 主减速器（　　）损坏，可引起汽车在转弯时产生异响，而在直线行驶时没有异响。

A. 圆锥齿轮　　B. 行星齿轮　　C. 圆柱齿轮　　D. 轴承

【解析】答案：B

本题主要是考核后桥异响的诊断排除方法：主减速器行星齿轮损坏，可引起汽车在转弯时产生异响，而在直线行驶时没有异响。

【鉴定点分布】相关知识→诊断与排除汽车底盘故障→诊断与排除底盘异响

72. 在相同条件下（　　），汽车驱动力越大。

A. 主减器传动比越大　　B. 主减器传动比越小

C. 轮胎半径越大　　D. 变速器传动比越小

【解析】答案：A

本题主要是考核影响汽车动力性的主要因素：传动效率、主减速器传动比、变速器传动比和挡位、空气阻力系数、汽车总质量和轮胎的尺寸与结构等。在相同条件下主减器传动比越大，汽车驱动力越大。

【鉴定点分布】相关知识→诊断与排除汽车底盘故障→诊断与排除汽车制动故障

73. 对普通制动希望实现前后轮在紧急制动时（　　）。

A. 同时抱死　　B. 前轮先于后轮抱死

C. 后轮先于前轮抱死　　D. 后轮先于前轮起作用

【解析】答案：A

本题主要是考核制动性的评价指标：对普通制动希望实现前后轮在紧急制动时同时抱死。

【鉴定点分布】相关知识→诊断与排除汽车底盘故障→诊断与排除汽车制动故障

74. 汽车制动器制动力（　　）地面制动力。

A. 大于　　B. 小于

C. 大于或等于　　D. 等于

【解析】答案：C

本题主要是考核汽车制动时车轮受力分析：汽车制动器制动力大于或等于地面制动力。

【鉴定点分布】相关知识→诊断与排除汽车底盘故障→诊断与排除汽车制动故障

75. 汽车在制动过程中，附着系数（　　）。

A. 为常数　　B. 与滑移率有关

C. 增大　　D. 减小

【解析】答案：B

本题主要是考核附着系数：汽车在制动过程中，附着系数与滑移率有关。

【鉴定点分布】相关知识→诊断与排除汽车底盘故障→诊断与排除汽车制动故障

76. 车辆抱死时产生的最大减速度与附着系数（　　）。

A. 成正比　　B. 成反比　　C. 不成比例　　D. 无关

【解析】答案：A

本题主要是考核汽车制动效能：车辆抱死时产生的最大减速度与附着系数成正比。

【鉴定点分布】相关知识→诊断与排除汽车底盘故障→诊断与排除汽车制动故障

77. 汽车制动效能随着制动器工作温度的升高而（　　）。

A. 不变　　B. 减弱

C. 增强　　D. 先减弱后增强

【解析】答案：B

本题主要是考核汽车制动效能恒定性：汽车制动效能随着制动器工作温度的升高而减弱。

【鉴定点分布】相关知识→诊断与排除汽车底盘故障→诊断与排除汽车制动故障

78. 为防止汽车制动跑偏，要求前轴左右轮制动力之差不大于该轴轴荷的（　　）。

A. 5%　　B. 10%　　C. 12%　　D. 2%

【解析】答案：A

本题主要是考核汽车制动跑偏：为防止汽车制动跑偏，要求前轴左右轮制动力之差不大于该轴轴荷的5%。

【鉴定点分布】相关知识→诊断与排除汽车底盘故障→诊断与排除汽车制动故障

79. 汽车产生侧滑的原因是（　　）。

A. 车身变形　　B. 制动力不等

C. 受到侧向力　　D. 车架变形

【解析】答案：C

本题主要是考核汽车制动偏滑：汽车产生侧滑的原因是受到侧向力。

【鉴定点分布】相关知识→诊断与排除汽车底盘故障→诊断与排除汽车制动故障

80. 汽车耗油量的测量采用（　　）。

A. 路试　　B. 台架

C. 路试或台架　　D. 发动机测功仪

【解析】答案：C

本题主要是考核汽车燃料经济性的评价指标：汽车耗油量的测量采用路试或台架。

【鉴定点分布】相关知识→诊断与排除汽车底盘故障→诊断与排除汽车制动故障

81. 对液压制动的汽车连续踏几次制动踏板，始终到底且无力是因为（　　）。

A. 制动主缸皮碗损坏、顶翻

B. 制动蹄片和制动鼓间隙过大

C. 制动系统渗入空气或制动液气化

D. 制动液牌号不对

【解析】答案：A

本题主要是考核制动系疑难故障判断与排除：对液压制动的汽车连续踏几次制动踏板，始终到底且无力是因为制动主缸皮碗损坏、顶翻。

【鉴定点分布】相关知识→诊断与排除汽车底盘故障→诊断与排除汽车制动故障

82. 汽车气压制动时有“哽哽”异响或车身发抖应（　　）。

A. 更换摩擦片，光磨制动鼓　　B. 调整蹄片和制动鼓间隙

C. 检查制动气室　　D. 检查制动阀

【解析】答案：A

本题主要是考核制动系疑难故障判断与排除：汽车气压制动时有“哽哽”异响或车身发抖应更换摩擦片，光磨制动鼓。

【鉴定点分布】相关知识→诊断与排除汽车底盘故障→诊断与排除汽车制动故障

83. 聚光式前照灯检验仪规定检测距离为（　　）m。

A. 1　　B. 2　　C. 3　　D. 4

【解析】答案：A

本题主要是考核前照灯检验仪的结构、原理与使用：聚光式前照灯检验仪规定检测距离为 1 m。

【鉴定点分布】相关知识→诊断与排除汽车电气设备故障→诊断与排除汽车灯光系统故障

84. 全自动汽车前照灯检测仪要保证（　　）m 的检测距离。

A. 2　　B. 3　　C. 4　　D. 10

【解析】答案：B

本题主要是考核前照灯检验仪的结构、原理与使用：全自动汽车前照灯检测仪要保证 3 m 的检测距离。

【鉴定点分布】相关知识→诊断与排除汽车电气设备故障→诊断与排除汽车灯光系统故障

85. 在检验汽车的近光灯光束照射位置时，向左向右偏移量都不大于（　　）mm。

A. 80　　B. 90　　C. 100　　D. 1 000

【解析】答案：C

本题主要是考核车辆的装备：在检验汽车的近光灯光束照射位置时，向左向右偏移量都不大于 100 mm。

【鉴定点分布】相关知识→诊断与排除汽车电气设备故障→诊断与排除汽车灯光系统故障

86. 汽车修理工艺过程的进厂检验，甲说：“应先咨询了解汽车技术状况，然后进行外表检查和行驶检查。”乙说：“只咨询了解汽车技术状况，就可以进行维修了。”（　　）的说法正确。

A. 甲　　B. 乙　　C. 甲和乙　　D. 都不正确

【解析】 答案：A

本题主要是考核汽车修理工艺概念。汽车修理工艺主要包括以下几个过程：汽车验收和外部清洗、诊断检测、汽车解体、零件清洗、零件检验分类、零件修理、总成及部件装配试验、汽车总装试车、出厂检验和交车等。

汽车验收包括咨询了解汽车技术状况，然后进行外表检查和行驶检查。

【鉴定点分布】 相关知识→发动机大修→编制发动机典型零部件修理工艺卡

87. 某一汽车零件的修理工艺规程的最佳方案有（　　）。

A. 一个　　B. 多个　　C. 两个　　D. 无

【解析】 答案：A

本题主要是考核汽车修理工艺规程概念：汽车修理的工艺过程及采取的措施有多种方案，通过对其做综合的技术、经济分析，而选定一种最佳方案，并将其内容用条文、图表等形式确定下来并形成文件，这就是汽车修理工艺规程。

【鉴定点分布】 相关知识→发动机大修→编制发动机典型零部件修理工艺卡

88. 汽车修理工艺卡有（　　）形式。

A. 单一和综合两种　　B. 五种

C. 三种　　D. 四种

【解析】 答案：A

本题主要是考核汽车修理工艺卡：汽车修理工艺的内容复杂，工序较多，工艺卡片很难做成统一的形式，一般根据不同工种或作业性质制成不同的工艺卡片。如拆卸工艺卡片、检验工艺卡片、零件修复工艺卡片、调试工艺卡片、装配工艺卡片等单一形式。也有把零件或总成编制成检、修、调、装、试的综合卡片形式。

【鉴定点分布】 相关知识→发动机大修→编制发动机典型零部件修理工艺卡

89. 汽车修理工艺规范主要指（　　）。

A. 数据、热处理及机械性能　　B. 技术要求

C. 技术规范　　D. 特殊条件

【解析】 答案：A

本题主要是考核汽车修理工艺规范：主要指用于工艺上的数据，如加工余量、零件清洗液成分、热处理温度及应达到的力学性能等。

【鉴定点分布】 相关知识→发动机大修→编制发动机典型零部件修理工艺卡

90. 发动机曲轴主轴承承孔轴线与凸轮轴轴承承孔轴线平行度误差一般不大于（　　）mm。

A. 0. 05　　B. 0. 15　　C. 0. 10　　D. 0. 20

【解析】 答案：C

本题主要是考核汽车修理方法：发动机曲轴主轴承孔轴线与凸轮轴轴承孔轴线平行度误差一般不大于 0. 10 mm。

【鉴定点分布】 相关知识→发动机大修→编制发动机典型零部件修理工艺卡

91. 用固定式镗缸机镗削发动机缸套，应选用气缸体的（　　）作为定位基准。

A. 下平面　　B. 上平面

C. 曲轴主轴轴承孔中心线　　D. 凸轮轴孔中心线

【解析】 答案：A

本题主要是考核汽车修理方法：用固定式镗缸机镗削发动机缸套，应选用气缸体的下平面作为定位基准。

【鉴定点分布】 相关知识→发动机大修→编制发动机典型零部件修理工艺卡

92. 发动机主轴颈公称直径在 80 mm 以下，圆度、圆柱度误差使用极限是（　　）mm。

A. 0. 05　　B. 0. 01　　C. 0. 015　　D. 0. 15

【解析】 答案：B

本题主要是考核汽车修理方法：发动机主轴颈公称直径在 80 mm 以下，圆度、圆柱度误差使用极限是 0. 01 mm。

【鉴定点分布】 相关知识→发动机大修→编制发动机典型零部件修理工艺卡

93. 发动机气缸镗磨后，各缸直径差的大修标准为（　　）mm。

A. ±0. 025　　B. ±0. 20　　C. ±0. 01　　D. ±0. 015

【解析】 答案：A

本题主要是考核汽车修理方法：发动机气缸镗磨后，各缸直径差的大修标准为±0. 025 mm。

【鉴定点分布】 相关知识→发动机大修→编制发动机典型零部件修理工艺卡

94. 发动机气缸体轴承座孔同轴度检验仪主要由定心轴套、定心轴、球形触头、百分表以及（　　）组成。

A. 等臂杠杆　　B. 千分表　　C. 卡尺　　D. 定心器

【解析】 答案：A

本题主要是考核汽车修理方法：发动机气缸体轴承座孔同轴度检验仪主要由定心轴套、定心轴、球形触头、百分表以及等臂杠杆组成。

【鉴定点分布】 相关知识→发动机大修→编制发动机典型零部件修理工艺卡

95. 粘接法用于修理汽车零件的裂纹，主要缺点是（ ）。

A. 设备复杂，操作困难　　B. 易产生热应力

C. 易造成腐蚀　　D. 抗冲击能力差，不耐高温

【解析】 答案：D

本题主要是考核汽车修理方法：粘接法用于修理汽车零件的裂纹，主要缺点是抗冲击能力差，不耐高温。

【鉴定点分布】 相关知识→发动机大修→发动机总成大修

96. 同一台发动机各缸燃烧室容积差一般不大于其平均值的（ ）。

A. 4%　　B. 5%　　C. 3%　　D. 6%

【解析】 答案：A

本题主要是考核汽车修理方法：同一台发动机各缸燃烧室容积差一般不大于其平均值的4%。

【鉴定点分布】 相关知识→发动机大修→发动机总成大修

97. 直径小于 80 mm 的发动机曲轴轴颈圆度和圆柱度误差：不得大于（ ）mm。

A. 0.025　　B. 0.035　　C. 0.040　　D. 0.050

【解析】 答案：A

本题主要是考核汽车修理方法：直径小于 80 mm 的发动机曲轴轴颈圆度和圆柱度误差不得大于 0.025 mm。

【鉴定点分布】 相关知识→发动机大修→发动机总成大修

98. 发动机曲轴磨损不均匀，但还没有到最后一级修理尺寸可以进行（ ）。

A. 磨削　　B. 光磨　　C. 校正　　D. 振动堆焊

【解析】 答案：A

本题主要是考核汽车修理方法：发动机曲轴磨损不均匀，但还没有到最后一级修理尺寸可以进行磨削。

【鉴定点分布】 相关知识→发动机大修→发动机总成大修

99. 凸轮轴的修理级别一般分四个等级，级差为（ ）mm。

A. 0.10　　B. 0.20　　C. 0.30　　D. 0.40

【解析】 答案：B

本题主要是考核汽车修理方法：凸轮轴的修理级别一般分为−0.20、−0.40、−0.60、−0.80 四个级别。通常凸轮轴只可修磨一次，在凸轮轴磨床上修磨时，应尽量减小磨削量，以消除缺陷为主，修磨后应达到质量标准。

【鉴定点分布】相关知识→发动机大修→发动机总成大修

100. 装配尺寸链中，增环属于（　　）。

A. 组成环　　B. 减环　　C. 补偿环　　D. 封闭环

【解析】答案：A

本题主要是考核汽车修理方法：装配尺寸链中，增环属于组成环。

【鉴定点分布】相关知识→发动机大修→发动机总成大修

101. 发动机是否大修可根据气缸圆度大小确定，此时的圆度应该以磨损量为（　　）的一个气缸为准。

A. 最小　　B. 中间

C. 最大　　D. 各缸的平均值

【解析】答案：B

本题主要是考核汽车大修验收方法：发动机是否大修可根据气缸圆度大小确定，此时的圆度应该以磨损量为中间的一个气缸为准。

【鉴定点分布】相关知识→发动机大修→发动机总成大修

102. 发动机活塞环选配的间隙检验项目至少应有（　　）项。

A. 五　　B. 四　　C. 三　　D. 两

【解析】答案：C

本题主要是考核汽车大修过程检验：发动机活塞环选配的间隙检验项目至少应有三项。

【鉴定点分布】相关知识→发动机大修→过程检验与竣工验收

103. 汽车发动机飞轮工作面端面对曲轴轴心线全跳动使用极限不大于（　　）mm。

A. 0.10　　B. 0.15　　C. 0.08　　D. 0.20

【解析】答案：A

本题主要是考核汽车大修过程检验：汽车发动机飞轮工作面端面对曲轴轴心线全跳动使用极限不大于0.10 mm。

【鉴定点分布】相关知识→发动机大修→过程检验与竣工验收

104. 柴油机曲轴的主轴颈和连杆轴颈光磨后，其圆度使用极限是（　　）mm。

A. 0.005　　B. 0.010　　C. 0.050　　D. 0.015

【解析】答案：A

本题主要是考核汽车大修过程检验：柴油机曲轴的主轴颈和连杆轴颈光磨后，其圆度使用极限是0.005 mm。

【鉴定点分布】相关知识→发动机大修→过程检验与竣工验收

105. 关于车辆技术管理，甲说："车辆维护要坚持视情维护的原则。"乙说："车辆技术管理要采取现代化管理方法。"丙说："车辆技术管理要建立车辆质量监控体系。"说法不正确的是（　　）。

A. 甲　　B. 乙　　C. 丙　　D. 乙和丙

【解析】答案：A

本题主要是考核汽车大修竣工检验：车辆维护要坚持强制维护的原则。

【鉴定点分布】相关知识→发动机大修→过程检验与竣工验收

106. 汽车路试前的检验必须加足的是（　　）。

A. 润滑油、油脂、冷却液、制动液、电解液

B. 冷却液、制动液、电解液

C. 制动液、电解液

D. 润滑油、油脂、冷却液

【解析】答案：A

本题主要是考核汽车大修竣工检验：汽车路试前，必须加足润滑油、油脂、冷却液、制动液、电解液。

【鉴定点分布】相关知识→发动机大修→过程检验与竣工验收

107. 发动机大修后，在正常工作温度下，应能在（　　）s 内顺利起动。

A. 5　　B. 8　　C. 10　　D. 15

【解析】答案：A

本题主要是考核汽车大修竣工检验：发动机大修后，在正常工作温度下，应能在 5 s 内顺利起动。

【鉴定点分布】相关知识→发动机大修→过程检验与竣工验收

108. 汽车发动机大修竣工后，必须（　　）。

A. 添润滑油　　B. 添汽油

C. 连接牢固　　D. 加装限速装置

【解析】答案：D

本题主要是考核汽车大修竣工检验：汽车发动机大修竣工后，必须加装限速装置。

【鉴定点分布】相关知识→发动机大修→过程检验与竣工验收

109. 在我国东北、西北及华北等地区环境最低气温在－35°以上的严寒地区应选用（　　）号冷却液。

A. －20　　B. －25　　C. －35　　D. －45

【解析】答案：D

本题主要是考核汽车大修竣工检验：在我国东北、西北及华北等地区环境最低气温在−35°以上的严寒地区应选用−45号冷却液。

【鉴定点分布】相关知识→发动机大修→过程检验与竣工验收

110. 我国在进行最高车速试验时，要求汽车载荷为（　　）。

A. 满载　　B. 半载
C. 空载　　D. 最大载荷的65%

【解析】答案：A

本题主要是考核汽车动力性指标：我国在进行最高车速试验时，要求汽车载荷为满载。

【鉴定点分布】相关知识→发动机大修→过程检验与竣工验收

111. 汽车燃料经济性评价指标通常用（　　）。

A. 每小时耗油　　B. 百公里油耗
C. 油耗率　　D. 吨公里油耗

【解析】答案：C

本题主要是考核汽车燃料经济性的评价指标：汽车燃料经济性评价指标通常用油耗率表示。

【鉴定点分布】相关知识→发动机大修→过程检验与竣工验收

112. 在冷压校正时，钢制曲轴一般压弯量为原弯曲的（　　）倍。

A. 5～10　　B. 10～15　　C. 15～20　　D. 20～25

【解析】答案：B

本题主要是考核轴类零件校正知识：在冷压校正时，钢制曲轴一般压弯量为原弯曲的10～15倍。

【鉴定点分布】相关知识→发动机大修→过程检验与竣工验收

113. 发动机废气再循环EGR的作用为（　　）。

A. 降低CO的排量　　B. 降低HC排量
C. 降低NO_X的排量　　D. 减少爆燃

【解析】答案：C

本题主要是考核排气净化装置：发动机废气再循环EGR的作用为降低NO_X的排量。

【鉴定点分布】相关知识→发动机大修→过程检验与竣工验收

114. 为了确保发动机的动力性和经济性，气缸压力必须达到原厂标准的（　　）。

A. 70%　　B. 75%　　C. 80%　　D. 85%

【解析】答案：B

本题主要是考核汽车节油改造措施：为了确保发动机的动力性和经济性，气缸压力必须达到原厂标准的75%。

【鉴定点分布】相关知识→发动机大修→过程检验与竣工验收

115. 发动机连杆衬套与连杆小端的配合应有（　　）mm 的过盈量。

A. 0.05～0.10　　B. 0.10～0.15

C. 0.10～0.20　　D. 0.20～0.25

【解析】答案：C

本题主要是考核总成装配中配合间隙：发动机连杆衬套与连杆小端的配合应有0.10～0.20 mm 的过盈量。

【鉴定点分布】相关知识→发动机大修→过程检验与竣工验收

116. 汽车变速器壳体的材料一般选用（　　）。

A. 高碳合金钢　　B. 低碳合金钢

C. 碳素工具钢　　D. 铸钢

【解析】答案：D

本题主要是考核汽车修理方法：汽车变速器壳体的材料一般选用铸钢。

【鉴定点分布】相关知识→汽车底盘大修→编制汽车底盘典型零部件修理工艺卡

117. 变速器增加了超速挡可以（　　）。

A. 提高发动机转速　　B. 降低发动机负荷

C. 提高动力性　　D. 提高经济性

【解析】答案：D

本题主要是考核变速器的结构：变速器增加了超速挡可以提高经济性。

【鉴定点分布】相关知识→汽车底盘大修→编制汽车底盘典型零部件修理工艺卡

118. 用试棒和角尺检验汽车前轴时，若两者之间出现间隙，表明前轴存在（　　）变形。

A. 垂直弯曲　　B. 水平弯曲

C. 扭曲　　D. 扭曲并弯曲

【解析】答案：A

本题主要是考核汽车修理方法：用试棒和角尺检验汽车前轴时，若两者之间出现间隙，表明前轴存在垂直弯曲变形。

【鉴定点分布】相关知识→汽车底盘大修→编制汽车底盘典型零部件修理工艺卡

119. 对于汽车前轮前束值的测量部位，甲说："测量部位应略低于轮胎水平中心线。"而乙说："测量部位为沿轮胎水平中心线处。"说法正确的是（　　）。

A. 甲　　B. 乙

C. 甲、乙都正确　　D. 甲、乙都不正确

【解析】 答案：B

本题主要是考核汽车修理方法。

前轮前束的检查方法如下：

(1) 将车停放在平整的路面上，将前轮补充到规定的气压，转向盘置于中间位置。

(2) 在两个前轮后侧花纹中心做标记，将前束尺的指针对准标记的中心线，测出距离。

(3) 轻轻向前推动汽车，使车轮转动180°，将前束尺前移，再次测量两个标记之间的距离，前侧距离应小于后侧距离，两个距离之差即为前束值。

【鉴定点分布】 相关知识→汽车底盘大修→汽车底盘总成大修

120. 在检修机械循环球式转向器，装复螺杆螺母时，甲说："两组钢球应成组交换装入导管螺纹孔。"乙说："两组钢球放在一起挑选分组装入导管螺纹孔。"丙说："两组钢球应分别装入原来的导管螺纹孔。"说法正确的是（　　）。

A. 甲　　B. 乙　　C. 丙　　D. 甲和乙

【解析】 答案：C

本题主要是考核汽车修理方法：检修机械循环球式转向器，装复螺杆螺母时，两组钢球应分别装入原来的导管螺纹孔。

【鉴定点分布】 相关知识→汽车底盘大修→汽车底盘总成大修

121. 汽车减振器伸张行程的阻力应（　　）压缩行程的阻力。

A. 大于　　B. 小于

C. 等于　　D. 小于或等于

【解析】 答案：A

本题主要是考核汽车修理方法：汽车减振器伸张行程的阻力应大于压缩行程的阻力。

【鉴定点分布】 相关知识→汽车底盘大修→汽车底盘总成大修

122. 安装自动变速器的各止推垫圈，为防止其脱离原安装位置，则应涂（　　）。

A. 齿轮油　　B. 润滑脂

C. 机油　　D. 自动变速器润滑油

【解析】 答案：B

本题主要是考核汽车修理方法：安装自动变速器的各止推垫圈，为防止其脱离原

安装位置，则应涂润滑脂。

【鉴定点分布】相关知识→汽车底盘大修→汽车底盘总成大修

123. 以发动机总成为主，结合车架总成或其他两个总成符合大修条件作为大修送修标志是（　　）。

A. 客车　　B. 货车　　C. 轿车　　D. 面包车

【解析】答案：B

本题主要是考核汽车修理方法。

汽车大修送修标志为：

(1) 载货汽车以发动机附离合器总成为主，结合车架或者两个及两个以上其他主要总成需大修时，即可组织整车大修。

(2) 客车以车身总成为主，结合发动机附离合器总成符合送修条件时，即可组织整车大修。

(3) 挂车大修送修标志是挂车车架（包括转盘）和货箱符合大修条件。

(4) 定车牵引的半挂车和铰接车，按照汽车大修的标志与牵引车同时进厂大修。

【鉴定点分布】相关知识→汽车底盘大修→过程检验及竣工验收

124. 客车大修送修标志，以（　　）为主。

A. 底盘　　B. 车厢　　C. 发动机　　D. 电气设备

【解析】答案：B

本题主要是考核汽车修理方法。

汽车大修送修标志为：

(1) 载货汽车以发动机附离合器总成为主，结合车架或者两个及两个以上其他主要总成需大修时，即可组织整车大修。

(2) 客车以车身总成为主，结合发动机附离合器总成符合送修条件时，即可组织整车大修。

(3) 挂车大修送修标志是挂车车架（包括转盘）和货箱符合大修条件。

(4) 定车牵引的半挂车和铰接车，按照汽车大修的标志与牵引车同时进厂大修。

【鉴定点分布】相关知识→汽车底盘大修→过程检验及竣工验收

125. 挂车车架和货箱是（　　）大修送修标志。

A. 挂车　　B. 定车牵引的半挂车

C. 货车　　D. 铰接式大客车

【解析】答案：A

本题主要是考核汽车修理方法。

汽车大修送修标志为：

（1）载货汽车以发动机附离合器总成为主，结合车架或者两个及两个以上其他主要总成需大修时，即可组织整车大修。

（2）客车以车身总成为主，结合发动机附离合器总成符合送修条件时，即可组织整车大修。

（3）挂车大修送修标志是挂车车架（包括转盘）和货箱符合大修条件。

（4）定车牵引的半挂车和铰接车，按照汽车大修的标志与牵引车同时进厂大修。

【鉴定点分布】相关知识→汽车底盘大修→过程检验及竣工验收

126. 下面不是汽车车架总成大修送修标志的是（　　）。

A. 断裂、锈蚀、变形超限　　B. 锈蚀、弯曲严重

C. 大部分铆钉松动　　D. 车架裂纹

【解析】答案：D

本题主要是考核汽车大修验收方法。

汽车总成大修标志为：

（1）发动机总成。气缸磨损后，其圆柱度达到 0.175～0.250 mm，圆度已达到 0.050～0.063 mm；最大功率或气缸压力较标准降低 25%以上；燃料和润滑油消耗量显著增加。

（2）车架总成。车架断裂、锈蚀、弯曲、扭曲变形超过极限，大部分铆钉松动或铆钉孔磨损，必须拆卸其他总成后才能进行校正、修理或重铆，才能修复。

（3）变速器（分动器）总成。壳体变形、破裂，轴承座孔磨损超过极限，变速器齿轮及轴恶性磨损、损坏等，需要彻底修复。

（4）后桥（驱动桥、中桥）总成。桥壳破裂、变形，半轴套管承孔磨损超过极限，主减速器齿轮恶性磨损，需要校正或恢复性修理。

（5）前桥总成。前轴裂纹、变形，主销承孔磨损超过极限，需要校正或彻底修复。

（6）客车车身总成。车厢骨架断裂、锈蚀、变形严重，蒙皮破损面积较大时，需要彻底修复。

（7）货车车身总成。驾驶室锈蚀、变形严重、破裂；货厢纵、横梁腐蚀，底板、栏板破损面积较大时，需要彻底修复。

【鉴定点分布】相关知识→汽车底盘大修→过程检验及竣工验收

127. 汽车后桥总成大修送修标志是（　　）。

A. 壳体变形、破裂　　B. 半轴套管承孔磨损

C. 减速器齿轮磨损　　D. 后桥总成有响声

【解析】答案：A

本题主要是考核汽车大修验收方法。

汽车总成大修标志为：

(1) 发动机总成。气缸磨损后，其圆柱度达到 0.175～0.250 mm，圆度已达到 0.050～0.063 mm；最大功率或气缸压力较标准降低 25%以上；燃料和润滑油消耗量显著增加。

(2) 车架总成。车架断裂、锈蚀、弯曲、扭曲变形超过极限，大部分铆钉松动或铆钉孔磨损，必须拆卸其他总成后才能进行校正、修理或重铆，才能修复。

(3) 变速器（分动器）总成。壳体变形、破裂，轴承座孔磨损超过极限，变速器齿轮及轴恶性磨损、损坏等，需要彻底修复。

(4) 后桥（驱动桥、中桥）总成。桥壳破裂、变形，半轴套管承孔磨损超过极限，主减速器齿轮恶性磨损，需要校正或恢复性修理。

(5) 前桥总成。前轴裂纹、变形，主销承孔磨损超过极限，需要校正或彻底修复。

(6) 客车车身总成。车厢骨架断裂、锈蚀、变形严重，蒙皮破损面积较大时，需要彻底修复。

(7) 货车车身总成。驾驶室锈蚀、变形严重、破裂；货厢纵、横梁腐蚀，底板、栏板破损面积较大时，需要彻底修复。

【鉴定点分布】 相关知识→汽车底盘大修→过程检验及竣工验收

128. 汽车前轴裂纹、变形，主销承孔磨损严重是（　　）总成大修送修标志。

A. 前桥　　B. 中桥　　C. 后桥　　D. 前轮

【解析】 答案：A

本题主要是考核汽车大修验收方法。

汽车总成大修标志为：

(1) 发动机总成。气缸磨损后，其圆柱度达到 0.175～0.250 mm，圆度已达到 0.050～0.063 mm；最大功率或气缸压力较标准降低 25%以上；燃料和润滑油消耗量显著增加。

(2) 车架总成。车架断裂、锈蚀、弯曲、扭曲变形超过极限，大部分铆钉松动或铆钉孔磨损，必须拆卸其他总成后才能进行校正、修理或重铆，才能修复。

(3) 变速器（分动器）总成。壳体变形、破裂，轴承座孔磨损超过极限，变速器齿轮及轴恶性磨损、损坏等，需要彻底修复。

(4) 后桥（驱动桥、中桥）总成。桥壳破裂、变形，半轴套管承孔磨损超过极限，主减速器齿轮恶性磨损，需要校正或恢复性修理。

(5) 前桥总成。前轴裂纹、变形，主销承孔磨损超过极限，需要校正或彻底修复。

(6) 客车车身总成。车厢骨架断裂、锈蚀、变形严重，蒙皮破损面积较大时，需要彻底修复。

（7）货车车身总成。驾驶室锈蚀、变形严重、破裂；货厢纵、横梁腐蚀，底板、栏板破损面积较大时，需要彻底修复。

【鉴定点分布】相关知识→汽车底盘大修→过程检验及竣工验收

129. 货车车身总成大修送修标志是（　　）。

A. 驾驶室锈蚀、变形严重、破裂

B. 底板、栏板破损

C. 货厢纵横梁破裂、腐蚀

D. 车架破损

【解析】答案：A

本题主要是考核汽车大修验收方法。

汽车总成大修标志为：

（1）发动机总成。气缸磨损后，其圆柱度达到 0.175～0.250 mm，圆度已达到 0.050～0.063 mm；最大功率或气缸压力较标准降低 25%以上；燃料和润滑油消耗量显著增加。

（2）车架总成。车架断裂、锈蚀、弯曲、扭曲变形超过极限，大部分铆钉松动或铆钉孔磨损，必须拆卸其他总成后才能进行校正、修理或重铆，才能修复。

（3）变速器（分动器）总成。壳体变形、破裂，轴承座孔磨损超过极限，变速器齿轮及轴恶性磨损、损坏等，需要彻底修复。

（4）后桥（驱动桥、中桥）总成。桥壳破裂、变形，半轴套管承孔磨损超过极限，主减速器齿轮恶性磨损，需要校正或恢复性修理。

（5）前桥总成。前轴裂纹、变形，主销承孔磨损超过极限，需要校正或彻底修复。

（6）客车车身总成。车厢骨架断裂、锈蚀、变形严重，蒙皮破损面积较大时，需要彻底修复。

（7）货车车身总成。驾驶室锈蚀、变形严重、破裂；货厢纵、横梁腐蚀，底板、栏板破损面积较大时，需要彻底修复。

【鉴定点分布】相关知识→汽车底盘大修→过程检验及竣工验收

130. 汽车进厂首先要向驾驶员查询车况，下列项目中要查询的是（　　）。

A. 车容　　B. 轮胎

C. 全车电气　　D. 该车历次维修内容

【解析】答案：D

本题主要是考核汽车大修验收方法。

进厂大修的汽车，进厂时应进行检验，检验的项目有：

（1）了解。汽车行驶里程，经过几次维护修理，最后一次维修的内容，大致汽车故障征兆等。

(2) 汽车的外观检查。汽车外部是否有损伤现象，各种零件是否齐全，确定基础件磨损情况，重点检查安全机构（转向、传动、制动、车架），轮胎检测。

(3) 行驶检查。仪表（水温、油压等），汽车起步（离合器、变速器），汽车行驶中（制动、转向、变速器等）。

【鉴定点分布】 相关知识→汽车底盘大修→过程检验及竣工验收

131. 汽车车架的变形检验，用（　　）即可进行。

A. 拉线和直尺　　　　B. 直尺

C. 水平仪　　　　D. 拉线

【解析】 答案：A

本题主要是考核汽车大修过程检验：汽车车架的变形检验，用拉线和直尺即可进行。

【鉴定点分布】 相关知识→汽车底盘大修→过程检验及竣工验收

132. 汽车大修竣工后，汽车空载行驶，初速为 30 km/h 滑行距离应不小于（　　）m。

A. 200　　B. 150　　C. 220　　D. 240

【解析】 答案：A

本题主要是考核汽车大修竣工检验：汽车大修竣工后，汽车空载行驶，初速为 30 km/h 滑行距离应不小于 200 m。

【鉴定点分布】 相关知识→汽车底盘大修→过程检验及竣工验收

133. 甲说："客车车身蒙皮漆膜光泽度不低于 90%。"乙说："货车车身蒙皮漆膜光泽度不低于 75%。"下列判断正确的是（　　）。

A. 甲说法正确　　　　B. 乙说法正确

C. 甲、乙说法均正确　　　　D. 甲、乙说法均不正确

【解析】 答案：A

本题主要是考核汽车大修竣工检验：客车车身蒙皮漆膜光泽度不低于 90%。

【鉴定点分布】 相关知识→汽车底盘大修→过程检验及竣工验收

134. 中负荷齿轮油适用于低速高转矩，高速低转矩下操作传动箱、螺旋齿轮，特别是多种车用（　　）的润滑。

A. 双曲面齿轮　　　　B. 普通螺旋齿轮

C. 直齿轮　　　　D. 斜齿轮

【解析】 答案：A

本题主要是考核汽车大修竣工检验：中负荷齿轮油适用于低速高转矩，高速低转矩下操作传动箱、螺旋齿轮，特别是多种车用双曲面齿轮的润滑。

【鉴定点分布】相关知识→汽车底盘大修→过程检验及竣工验收

135. 下列说法不正确的是（　　）。

A. 汽车轮胎气压偏低会增加油耗

B. 汽车轮胎的形式和规格影响油耗

C. 要充分利用汽车滑行性能节油

D. 尽可能用汽车中间挡行驶

【解析】答案：D

本题主要是考核汽车节油改造措施：应该尽可能用高挡行驶，节省油耗。

【鉴定点分布】相关知识→汽车底盘大修→过程检验及竣工验收

136. 装有电子控制 ABS 的汽车在紧急制动时（　　）。

A. 制动距离长，但稳定好　　B. 制动距离短，但易跑偏

C. 制动距离短，不易侧滑　　D. 在滑路上易侧滑

【解析】答案：C

本题主要是考核 ABS 技术：电子控制 ABS 的汽车在紧急制动时制动距离短，不易侧滑。

【鉴定点分布】相关知识→汽车底盘大修→过程检验及竣工验收

137. 汽车 ABS 的功用是（　　）。

A. 缩短制动距离　　B. 提高制动时的方向稳定性

C. 延长轮胎使用寿命　　D. 提高制动效能和制动时的方向稳定性

【解析】答案：D

本题主要是考核汽车新技术：汽车 ABS 的功用是提高制动效能和制动时的方向稳定性。

【鉴定点分布】相关知识→汽车底盘大修→过程检验及竣工验收

138. 下列传感器中（　　）用于汽车 ABS 的各种控制方式。

A. 车速传感器　　B. 轮速传感器

C. 减速度传感器　　D. 高度传感器

【解析】答案：B

本题主要是考核汽车 ABS 技术：轮速传感器用于汽车 ABS 的各种控制方式。

【鉴定点分布】相关知识→汽车底盘大修→过程检验及竣工验收

139. 自动变速器的齿轮变速器采用的是（　　）。

A. 定轴轮系　　B. 周转轮系

C. 定轴轮系或周转轮系　　D. 混合轮系

【解析】 答案：C

本题主要是考核自动变速器技术：自动变速器的齿轮变速器采用的是定轴轮系或周转轮系。

【鉴定点分布】 相关知识→汽车底盘大修→过程检验及竣工验收

140. 在实际行驶条件下，汽车离心力产生的轮胎侧偏角一般不超过（　）。

A. 1°～2°　B. 2°～3°　C. 4°～5°　D. 5°～6°

【解析】 答案：C

本题主要是考核汽车的操纵稳定性：在实际行驶条件下，汽车离心力产生的轮胎侧偏角一般不超过 4°～5°。

【鉴定点分布】 相关知识→汽车底盘大修→过程检验及竣工验收

141. 汽车应具有（　）才能保证安全行驶。

A. 不足转向特性　　B. 中性转向特性

C. 过多转向特性　　D. 激转特性

【解析】 答案：A

本题主要是考核汽车转向轮的稳定效应：转向不足，俗称推头。表现为车辆在弯中的实际转向角度比前轮的转动角度小，也就是前轮出现了向外侧的滑动。转向过度，俗称甩尾。表现为车辆在弯中的实际转向角度比前轮的转动角度大，也就是后轮出现了向外侧的滑动。

轮胎和路面可能产生的附着力不是无限的，受到轮胎、载荷和路面特性的限制。转向时车辆产生的离心力和需要的驱动力有可能超出了地面所能提供的附着力，此时，轮胎就会出现滑动。如果这个轮胎位于前轮，就会产生转向不足。如果这个轮胎位于后轮，就会产生转向过度。

当车辆发生转向不足时，车辆的转弯半径会增大，从而使得离心力减小，随着离心力的减小，地面附着力将有可能提供所需要的驱动力，从而使车辆趋于稳定转向。否则，如果发生了转向过度，则转弯半径变小，离心力会逐渐变大，会导致车辆进一步的转向过度，直至失控甩尾，后果非常严重。

因此，对于车辆来说，都希望有适度的转向不足特性，这样可以有效避免转向过度的情况，保证驾驶安全。

【鉴定点分布】 相关知识→汽车底盘大修→过程检验及竣工验收

142. 通过性主要取决于车辆的（　）和支承牵引参数。

A. 几何参数　　B. 接近角

C. 离去角　　　　D. 最小离地间隙

【解析】 答案：A

本题主要是考核汽车通过性及影响因素：在一定载质量下，汽车能以足够高的平均车速通过各种坏路及无路地带和克服各种障碍的能力，称为汽车的通过性。

评价汽车通过性的主要性能参数有：汽车的最小离地间隙、纵向通过半径与横向通过半径、接近角与离去角、最小转弯半径等，这些参数在很大程度上表示了汽车可以通过高低不平地带和障碍物的能力。

【鉴定点分布】 相关知识→汽车底盘大修→过程检验及竣工验收

143. 越野车要爬很大的坡道角，要求最大动力因数（　　）。

A. 较小　　B. 较大　　C. 适中　　D. 比轿车小

【解析】 答案：B

本题主要是考核汽车通过性及影响因素：动力因数是汽车牵引性能的主要指标。是剩余牵引力（总牵引力减空气阻力）和汽车总重之比。此值越大，汽车的加速、爬坡和克服道路阻力的能力越大。

动力因数一般是衡量汽车驱动能力的一个标准。越野车要爬很大的坡道角，要求最大动力因数较大。

【鉴定点分布】 相关知识→汽车底盘大修→过程检验及竣工验收

144. 发动机无外载测功仪测得的发动机功率为（　　）。

A. 额定功率　　　　B. 总功率

C. 净功率　　　　D. 机械损失功率

【解析】 答案：C

本题主要是考核汽车动力性的检测项目及相关标准：发动机无外载测功仪测得的发动机功率为净功率。

【鉴定点分布】 相关知识→汽车底盘大修→过程检验及竣工验收

145. 汽车和无轨电车车轮阻滞力均不得大于该轴荷的（　　）。

A. 2%　　B. 5%　　C. 7%　　D. 10%

【解析】 答案：B

本题主要是考核汽车制动性检测项目及相关标准：汽车和无轨电车车轮阻滞力均不得大于该轴荷的5%。

【鉴定点分布】 相关知识→汽车底盘大修→过程检验及竣工验收

146. 自动变速器一般（　　）挡油压较高。

A. D　　B. S或L　　C. N　　D. R

【解析】 答案：D

本题主要是考核自动变速器测试：自动变速器一般R挡油压较高。

【鉴定点分布】 相关知识→汽车底盘大修→过程检验及竣工验收

147. 下列因素中造成汽车前轮摆头的是（　　）。

A. 前束过小　　B. 车轮外倾角度大

C. 主销后倾角变大　　D. 减震器失效

【解析】 答案：D

本题主要是考核转向系疑难故障判断与排除：减震器失效造成汽车前轮摆头。

【鉴定点分布】 相关知识→诊断与排除汽车底盘故障→诊断与排除轮胎故障

148. 汽车离合器液压操纵系统漏油或有空气，会引起（　　）。

A. 离合器打滑　　B. 离合器分离不彻底

C. 离合器异响　　D. 离合器接合不柔和

【解析】 答案：B

本题主要是考核传动系疑难故障判断与排除：汽车离合器液压操纵系统漏油或有空气，会引起离合器分离不彻底。

【鉴定点分布】 相关知识→诊断与排除汽车底盘故障→诊断与排除底盘异响

149. 下列因素中造成变速器乱挡原因之一是（　　）。

A. 轮齿磨成锥形　　B. 自锁装置失效

C. 互锁装置失效　　D. 倒挡锁失效

【解析】 答案：C

本题主要是考核传动系疑难故障判断与排除：互锁装置失效造成变速器乱挡。

【鉴定点分布】 相关知识→诊断与排除汽车底盘故障→诊断与排除底盘异响故障

150. 汽车检测站主要以（　　）法测量汽油车的排气污染物。

A. 分工况　　B. 等工况　　C. 双怠速　　D. 单怠速

【解析】 答案：D

本题主要是考核废气测量方法：汽车检测站主要以单怠速法测量汽油车的排气污染物。

【鉴定点分布】 相关知识→汽车底盘大修→过程检验及竣工验收

151. 汽车行星活塞式油耗传感器的流量变换机构是将一定容积的燃油流量变为（　　）信号。

A. 燃油压力　　B. 曲轴的旋转运动

C. 活塞的往复运动　　D. 凸轮轴的旋转运动

【解析】答案：B

本题主要是考核油耗计、转速表的结构、原理与使用：汽车行星活塞式油耗传感器的流量变换机构是将一定容积的燃油流量变为曲轴的旋转运动信号。

【鉴定点分布】相关知识→发动机大修→过程检验及竣工验收

152. 驾驶员以5～10 km/h的速度将车辆对正平板台并驶上平板，置变速器于（　　），急踩制动，使车辆停住，测得制动参数值。

A. 空挡　　B. 1挡　　C. 2挡　　D. 高速挡

【解析】答案：A

本题主要是考核制动试验台的结构、原理与使用：驾驶员以5～10 km/h的速度将车辆对正平板台并驶上平板，置变速器于空挡，急踩制动，使车辆停住，测得各轮制动力、每轴左右轮在制动力增长全过程中的制动力差、制动协调时间、车轮阻滞力和驻车制动力等参数值。

【鉴定点分布】相关知识→汽车底盘大修→过程检验及竣工验收

153. 汽车转向轮的横向滑移量，用汽车侧滑台检测时侧滑量不大于（　　）m/km。

A. 5　　B. 6　　C. 7　　D. 9

【解析】答案：A

本题主要是考核制动试验台的结构、原理与使用：汽车转向轮的横向滑移量，用汽车侧滑台检测时侧滑量不大于5 m/km。

【鉴定点分布】相关知识→汽车底盘大修→过程检验及竣工验收

154. 汽车模拟示波器的波形轨迹（　　）。

A. 不是即时状态　　B. 是由计算机产生的

C. 无法记忆　　D. 比较稳定

【解析】答案：C

本题主要是考核示波器的结构、原理与使用：汽车模拟示波器的波形轨迹无法记忆。

【鉴定点分布】相关知识→汽车底盘大修→过程检验及竣工验收

155. 在车辆技术性能检测中要求离合器踏板力不超过（　　）N。

A. 150　　B. 300　　C. 400　　D. 500

【解析】答案：B

本题主要是考核车辆技术性能检测：在车辆技术性能检测中要求离合器踏板力不超过300 N。

【鉴定点分布】相关知识→汽车底盘大修→过程检验及竣工验收

156. 用百分表检查起动机起动轴是否弯曲，如摆差大于（　　）mm 应进行校正。

A. 0. 1　　B. 0. 2　　C. 0. 5　　D. 0. 15

【解析】答案：A

本题主要是考核汽车大修过程检验：用百分表检查起动机起动轴是否弯曲，如摆差大于0.1 mm 应进行校正。

【鉴定点分布】相关知识→汽车电气设备修理→起动系统的修理

157. 发动机在正常工作温度下，（　　）s 内能起动。

A. 2　　B. 5　　C. 8　　D. 10

【解析】答案：B

本题主要是考核起动机检验：发动机在正常工作温度下，5 s 内能起动。

【鉴定点分布】相关知识→汽车电气设备修理→起动系统的修理

158. 分析发动机点火重叠角的大小要通过（　　）。

A. 平列波　　B. 并列波　　C. 重叠波　　D. 频闪灯

【解析】答案：C

本题主要是考核点火系波形分析：发动机点火重叠角的大小要通过重叠波。

【鉴定点分布】相关知识→汽车电气设备修理→充电系统的修理

159. 我国汽车电气设备电路采用（　　）。

A. 正极搭铁　　B. 串联

C. 双线　　D. 单线负极搭铁

【解析】答案：D

本题主要是考核电气设备线路图：我国汽车电气设备电路采用单线负极搭铁。

【鉴定点分布】相关知识→汽车电气设备修理→充电系统的修理

160. 下面关于微机控制电子点火系统的说法中正确的是（　　）。

A. 无分电器点火系统即独立点火系统

B. 在小负时提供较大的点火提前角

C. 不能实现闭环控制

D. 取消了分电器

【解析】答案：B

本题主要是考核汽车新技术：微机控制电子点火，在小负荷时提供较大的点火提前角。

【鉴定点分布】相关知识→汽车电气设备修理→点火系统的修理

二、判断题（将判断结果填入括号中。正确的填"√"，错误的填"×"。每题0.5分，满分20分）

（　　）161. 磁力线通过的闭合路径称为磁路。

【解析】答案：√

本题主要是考核磁路的概念：磁通（磁力线）通过的闭合路径称为磁路。在电气设备中，为了获得较强的磁场，常常需要把磁通集中在某一形状的路径中。形成磁路的最好方法就是利用铁磁材料按照电路的结构、形状要求，而制成各种形状的铁芯，从而使磁路形成各自所需的闭合路径。

【鉴定点分布】基本要求→基础知识→电工基本知识

（　　）162. 如果一个元件上的电压和电流的相位差为360°，则该元件肯定是电阻元件。

【解析】答案：√

本题主要是考核纯电阻电路的概念：纯电阻电路就是除电源外，只有电阻元件的电路，或有电感和电容元件，但它们对电路的影响可忽略。电压与电流同频且同相位。电阻将从电源获得的能量全部转变成内能，这种电路就叫作纯电阻电路。基本上，只要电能除了转化为热能以外没有其他能的转化，此电路为纯电阻电路。

准确来说，欧姆定律全部式子都能在纯电阻电路中使用。

【鉴定点分布】基本要求→基础知识→电工基本知识

（　　）163. 半导体三极管有3种工作状态，放大、截止和饱和。

【解析】答案：√

本题主要是考核晶体管的概念：半导体三极管有3种工作状态，放大、截止和饱和。

【鉴定点分布】基本要求→基础知识→电工基本知识

（　　）164. 常用三极管的电流放大系数一般在20～200之间。

【解析】答案：√

本题主要是考核晶体管的概念：常用三极管的电流放大系数一般在20～200之间。

【鉴定点分布】基本要求→基础知识→电工基本知识

（　　）165. 汽车车速传感器安装在车轮上。

【解析】答案：×

本题主要是考核传感器的概念：汽车车速传感器一般安装在变速器输出轴上，轮速传感器安装在车轮上。

【鉴定点分布】基本要求→基础知识→汽车电气设备与电子控制装置

（　　）166. 汽车车速表允许误差范围为－5%～＋20%。

【解析】答案：√

本题主要是考核质量管理知识：汽车车速表允许误差范围为－5%～＋20%。

【鉴定点分布】基本要求→基础知识→质量管理知识

（　　）167. 利用双板侧滑试验台检测时，侧滑量应不大于5 m/km。

【解析】答案：√

本题主要是考核侧滑试验台的结构、原理与使用：利用双板侧滑试验台检测时，侧滑量应不大于5 m/km，利用单板侧滑试验台检测时，侧滑量应不大于7 m/km。

【鉴定点分布】相关知识→汽车底盘大修→过程检验及竣工验收

（　　）168. 汽车修理工艺过程是指汽车修理的各项作业，按一定方式组合、顺序、协调进行的过程。

【解析】答案：√

本题主要是考核修理工艺过程：汽车修理工艺过程是指汽车修理的各项作业，按一定方式组合、顺序、协调进行的过程。

【鉴定点分布】相关知识→发动机大修→编制发动机典型零部件的修理工艺卡

（　　）169. 汽车修理工艺是将方案内容用条文、图表形式予以确定。

【解析】答案：√

本题主要是考核零件修复工艺规程制定的原则和方法：汽车修理工艺是将方案内容用条文、图表形式予以确定。

【鉴定点分布】相关知识→发动机大修→编制发动机典型零部件的修理工艺卡

（　　）170. 修理工艺卡片是有具体操作规范的。

【解析】答案：√

本题主要是考核汽车修理工艺卡：工艺卡的主要内容应包括工序号、工作图和技术要求等。

(1) 工序号。工序号是按作业顺序编排的序号，以便各项作业有序实施，不发生错乱。

(2) 工作图。工作图是标明零件或总成工作部位的图形，如检验图和装配图。它应在图中引线上注码标明其耗损部位或配合副之间的公差、间距、角度及方位等相互位置。

(3) 技术要求

1）工艺规范。主要指用于工艺上的数据。如加工余量、零件清洗液成分、热处理温度及应达到的力学性能等。

2）技术规范。主要指零件的尺寸、表面粗糙度及精度、配合副的公差等。

3）性能条件。指装配中某部位的压力、转矩、工作性能及耗损极限条件等。

4）其他要求。如指明所用的设备、夹具、刀具、量具和仪器的名称、型号；材料的型号、尺寸；完成工序所用的时间定额等。

【鉴定点分布】相关知识→发动机大修→编制发动机典型零部件的修理工艺卡

（　）171. 汽车修理技术规范主要指零件尺寸、表面粗糙度、精度和配合公差。

【解析】答案：√

本题主要是考核汽车零件修复方法的分类：汽车修理技术规范主要指零件尺寸、表面粗糙度、精度和配合公差。

【鉴定点分布】相关知识→发动机大修→编制发动机典型零部件的修理工艺卡

（　）172. 发动机干式气缸镗削后，可不必进行珩磨。

【解析】答案：×

本题主要是考核气缸修理技术标准：发动机干式气缸镗削后，必须进行珩磨。

【鉴定点分布】相关知识→发动机大修→编制发动机典型零部件的修理工艺卡

（　）173. 气缸体上平面平面度误差（50 mm×50 mm）使用极限大于0.10 mm。

【解析】答案：×

本题主要是考核气缸体修理技术标准：气缸体上平面平面度误差（50 mm×50 mm）使用极限小于0.10 mm。

【鉴定点分布】相关知识→发动机大修→编制发动机典型零部件的修理工艺卡

（　）174. 发动机曲轴要有足够的强度、刚度和一定的耐磨性。

【解析】答案：√

本题主要是考核曲轴的材料及热处理工艺：发动机曲轴要有足够的强度、刚度和一定的耐磨性。

【鉴定点分布】相关知识→发动机大修→编制发动机典型零部件的修理工艺卡

（　）175. 汽车变速器壳体的位置误差包括直线度、平面度、平行度误差。

【解析】答案：×

本题主要是考核汽车零件位置误差的检验方法和检具：汽车变速器壳体的位置误差包括直线度、平面度、平行度和垂直度误差。

【鉴定点分布】相关知识→汽车底盘大修→编制汽车底盘典型零部件的修理工艺卡

（　）176. 发动机曲轴的动不平衡，可通过钻孔进行解决。

【解析】 答案：×

本题主要是考核汽车零件位置误差的检验方法和检具：一般的发动机曲轴因为负荷大，会在曲轴上加装平衡块（环）来解决动不平衡问题。

【鉴定点分布】 相关知识→发动机大修→编制发动机典型零部件的修理工艺卡

（　）177. 固定作业法适用于占地大，成本低、所需设备多的汽车修理厂。

【解析】 答案：×

本题主要是考核汽车修理作业方法：固定作业法适用于生产规模小，车型复杂的修理企业。

【鉴定点分布】 相关知识→发动机大修→发动机总成大修

（　）178. 气缸镗削后，进行珩磨，目的在于消除镗削加工所残留的螺旋状刀痕。

【解析】 答案：√

本题主要是考核气缸的修理：气缸镗削后，进行珩磨，目的在于消除镗削加工所残留的螺旋状刀痕。

【鉴定点分布】 相关知识→发动机大修→发动机总成大修

（　）179. 发动机曲轴的变形量用百分表检测即可。

【解析】 答案：√

本题主要是考核曲轴的检验：发动机曲轴的变形量用百分表检测即可。

【鉴定点分布】 相关知识→发动机大修→发动机总成大修

（　）180. 更换或修磨发动机凸轮轴时，更换的凸轮轴轴承不必进行铰削加工。

【解析】 答案：×

本题主要是考核凸轮轴的修理：凸轮轴轴颈与凸轮轴轴承的配合间隙，一般为 0.03～0.07 mm，最大不得大于 0.15 mm，当配合间隙大于 0.15 mm 时，应更换新轴承。

为获得轴颈与轴承的配合间隙和保证各道轴承的同轴度，应用铰削凸轮轴轴承的专用铰刀进行铰削。轴承铰削后，其轴承内孔圆度和圆柱度误差应不大于 0.01 mm，表面粗糙度小于 0.8 μm。

【鉴定点分布】 相关知识→发动机大修→发动机总成大修

（　）181. 总成装配是以基础零件为基础，按一定的顺序在它上面装入其他零件、部件及辅助总成。

【解析】 答案：√

本题主要是考核总成装配的概念：总成装配是以基础零件为基础，按一定的顺序在它上面装入其他零件、部件及辅助总成。

【鉴定点分布】相关知识→发动机大修→发动机总成大修

（　　）182. 为保证不等速万向传动装置正常工作，汽车总装配时，钢板弹簧的规格、发动机固定支架下橡胶垫的厚度等应符合技术要求。

【解析】答案：√

本题主要是考核发动机总成装配技术要求：为保证不等速万向传动装置正常工作，汽车总装配时，钢板弹簧的规格、发动机固定支架下橡胶垫的厚度等应符合技术要求。

【鉴定点分布】相关知识→汽车底盘大修→汽车底盘总成大修

（　　）183. 在调整主、从动圆锥齿轮啮合中，当其啮合印迹与啮合间隙的调整互相矛盾时，应以保证其啮合间隙合适为主。

【解析】答案：×

本题主要是考核驱动桥总成装配技术要求：主从动锥齿轮啮合印迹和啮合间隙的调整都是利用改变两齿轮装配中心距来实现的，在改变接触印迹时啮合间隙也会随之变化，它们是相互联系又相互矛盾的，在调整主、从动锥齿轮啮合印迹和啮合间隙时，往往会出现间隙值符合要求，印迹却不好或啮合印迹符合要求，啮合间隙却不好的矛盾。由于齿面接触印迹的好坏，是判断齿面接触面积、装配中心距离和齿形等是否符合要求的重要依据。因此，当啮合印迹与啮合间隙调整中出现矛盾时，应保证啮合印迹为主，间隙可适当放大些，但也不得超过极限值。

【鉴定点分布】相关知识→汽车底盘大修→汽车底盘总成大修

（　　）184. 汽车同一车桥上左、右制动器摩擦衬片的材料及厚度应相同。

【解析】答案：√

本题主要是考核制动系统装配技术要求：汽车同一车桥上左、右制动器摩擦衬片的材料及厚度应相同，从而保证制动力相等。

【鉴定点分布】相关知识→汽车底盘大修→汽车底盘总成大修

（　　）185. 汽车变速器磨合试验的输入轴转速一般为800～1 200 r/min，在此转速下进行无负荷和有负荷试验。

【解析】答案：×

本题主要是考核变速器装配技术要求：汽车变速器磨合试验的输入轴转速一般为1 000～2 000 r/min、油温在15～65℃时，不允许有自动脱挡、跳挡现象。

【鉴定点分布】相关知识→汽车底盘大修→汽车底盘总成大修

（　　）186. 客车大修送修标志是发动机和其他两个总成符合大修条件。

【解析】 答案：×

本题主要是考核汽车大修送修标志：客车以车身总成为主，结合发动机附离合器总成符合送修条件时，即可组织整车大修。

【鉴定点分布】 相关知识→汽车底盘大修→过程检验及竣工验收

（　）187. 发动机最大功率比规定降低15%以下必须进行大修。

【解析】 答案：×

本题主要是考核发动机总成大修送修标志：气缸磨损后，其圆柱度达到0.175～0.250 mm，圆度已达到0.050～0.063 mm；最大功率或气缸压力较标准降低25%以上；燃料和润滑油消耗量显著增加。

【鉴定点分布】 相关知识→发动机大修→过程检验及竣工验收

（　）188. 汽车主减速器齿轮磨损严重，驱动桥总成必须进行大修。

【解析】 答案：×

本题主要是考核后桥总成大修送修标志：桥壳破裂、变形，半轴套管承孔磨损超过极限，主减速器齿轮恶性磨损，需要校正或恢复性修理。

【鉴定点分布】 相关知识→汽车底盘大修→过程检验及竣工验收

（　）189. 装上离合器压盘固定螺栓按规定力矩拧紧，可不必交叉进行。

【解析】 答案：×

本题主要是考核汽车修理过程检验技术要求：装上离合器压盘固定螺栓按规定力矩交叉拧紧。

【鉴定点分布】 相关知识→汽车底盘大修→过程检验及竣工验收

（　）190. 车辆技术档案一般由车队的车管技术员负责填写和管理。

【解析】 答案：√

本题主要是考核汽车维修技术档案：车辆技术档案一般由车队的车管技术员负责填写和管理。

【鉴定点分布】 相关知识→汽车底盘大修→过程检验及竣工验收

（　）191. 客车质量检查评定方法根据得分值分为一等、合格和不合格三个等级。

【解析】 答案：√

本题主要是考核客车质量检查评定方法：客车质量检查评定方法根据得分值分为一等、合格和不合格三个等级。

【鉴定点分布】 相关知识→汽车底盘大修→过程检验及竣工验收

（　）192. 进气终了时压力的高低不影响发动机充气效率。

【解析】答案：×

本题主要是考核发动机充气效率：发动机在燃烧过程中需要充足的氧气，影响发动机充气效率的因素有进气终了压力、进气终了温度、排气终了残余废气压力和温度；提高发动机充气效率的措施有：减小进气系统的流动损失、减少排气系统对气流的阻力、减小气门叠开角、合理选择配气正时，保证最好的充气效率。

【鉴定点分布】相关知识→诊断与排除发动机故障→诊断与排除发动机疑难故障

（　）193. 发动机工作时，若转速保持一定，其经济性指标随负荷而变化的关系，称为速度特性。

【解析】答案：×

本题主要是考核发动机的性能指标：发动机工作时，若转速保持一定，其经济性指标随负荷而变化的关系，称为负荷特性。

【鉴定点分布】相关知识→诊断与排除发动机故障→诊断与排除发动机疑难故障

（　）194. 车辆技术档案的主要内容包括车辆基本情况、检测和维修记录等，但不包括事故处理记录。

【解析】答案：×

本题主要是考核车辆技术档案的建立：车辆技术档案是记录车辆使用、维修、检测、事故、变更等情况的重要技术资料，是道路运输业户了解运输车辆技术状况的重要依据，同时也是道路运输管理机构对运输车辆实施技术管理的重要内容。

【鉴定点分布】相关知识→汽车底盘大修→过程检验及竣工验收

（　）195. 汽车在车轮抱死时，横向稳定性极差。

【解析】答案：√

本题主要是考核汽车制动性能：汽车车轮抱死时，横向稳定性极差。

【鉴定点分布】相关知识→诊断与排除汽车底盘故障→诊断与排除汽车制动故障

（　）196. 百公里油耗能用来比较不同排量发动机的燃料经济性。

【解析】答案：×

本题主要是考核汽车燃料经济性的评价指标：百公里油耗能用来比较不同型号发动机的燃料经济性。

【鉴定点分布】相关知识→诊断与排除发动机故障→诊断与排除发动机疑难故障

（　）197. 接近角和离去角表示车辆接近或离开障碍物或陡坡时不发生碰挂的可能性。

【解析】答案：√

本题主要是考核汽车的通过性：接近角和离去角表示车辆接近或离开障碍物或陡

坡时不发生碰挂的可能性。

【鉴定点分布】 相关知识→汽车底盘大修→过程检验及竣工验收

（　　）198. 液压制动的汽车由于温度过高制动液汽化而产生气阻会造成制动不良。

【解析】 答案：√

本题主要是考核汽车制动性检测项目：液压制动的汽车由于温度过高制动液汽化而产生气阻会造成制动不良。

【鉴定点分布】 相关知识→诊断与排除汽车底盘故障→诊断与排除制动故障

（　　）199. 滚筒式汽车制动试验台不能反映轴承移动带来的影响。

【解析】 答案：√

本题主要是考核制动试验台：滚筒式汽车制动试验台不能反映轴承移动带来的影响。

【鉴定点分布】 相关知识→汽车底盘大修→过程检验及竣工验收

（　　）200. 汽车 SRS 只要前碰撞传感器产生动作就引爆。

【解析】 答案：×

本题主要是考核安全气囊：电子控制式 SRS 安全气囊系统采用的碰撞传感器（Dash Sensor）按功能可分为碰撞烈度传感器和防护碰撞传感器两大类。碰撞烈度传感器按安装位置分为前碰撞传感器（包括左前碰撞传感器、右前碰撞传感器）和中央碰撞传感器，用于检测汽车受碰撞程度。防护碰撞传感器又叫作安全碰撞传感器或侦测碰撞传感器。防护碰撞传感器与碰撞烈度传感器串联，用于防止 SRS 气囊产生误爆。

在 SRS 安全气囊系统中，一般安装使用 3～4 只碰撞传感器，一般被安装在车身两侧的前翼子板内侧，或者安装在前照灯支架下面、发动机散热水箱支架左右两侧。

前碰撞传感器有 2～3 只，在车身的左前部和右前部分别安装一只，称为左前碰撞传感器和右前碰撞传感器。

前碰撞传感器用于检测碰撞程度，其信号供电脑判定是否引爆点火剂而给气囊充气。当以车速 40 km/h 左右撞到一辆静止或同样大小的汽车上时，前碰撞传感器会动作，使气囊打开。

【鉴定点分布】 相关知识→发动机大修→过程检验及竣工验收

第三部分

理论知识考试考前冲刺

高级汽车修理工理论知识考试模拟试卷（一）

高级汽车修理工理论知识考试模拟试卷（二）

高级汽车修理工理论知识考试模拟试卷（三）

高级汽车修理工理论知识考试模拟试卷参考答案（一）

高级汽车修理工理论知识考试模拟试卷参考答案（二）

高级汽车修理工理论知识考试模拟试卷参考答案（三）

高级汽车修理工理论知识考试模拟试卷（一）

注 意 事 项

1. 考试时间：120 分钟。
2. 本试卷依据 2005 年颁布的《汽车修理工·国家职业技能标准》命制。
3. 请首先按要求在试卷的标封处填写您的姓名、准考证号和所在单位的名称。
4. 请仔细阅读各种题目的回答要求，在规定的位置填写您的答案。
5. 不要在试卷上乱写乱画，不要在标封区填写无关的内容。

	一	二	总分
得分			

得分	
评分人	

一、单项选择题（下列答案中只有一个是正确的，请将正确答案的序号填在括号内。每题 0.5 分，总计 80 分）

1. 职业道德是长期以来（　　）形成的。

A. 自然　　B. 自觉　　C. 强制　　D. 约束

2. （　　）可以调节从业人员内部的关系。

A. 社会责任　　B. 社会公德　　C. 社会意识　　D. 职业道德

3. （　　）标准多元化，代表了不同企业可能具有不同的价值观。

A. 职业守则　　B. 人生观　　C. 职业道德　　D. 多样性

4. 职业素质是劳动者对（　　）了解与适应能力的一种综合体现，其主要表现在职业兴趣、职业能力、职业个性及职业情况等方面。

A. 消费者　　B. 社会职业　　C. 生产者　　D. 个人

5. 中国共产党领导的多党合作和政治协商制度是一项具有中国特色的（　　）。

A. 基本制度　　B. 政治制度
C. 社会主义制度　　D. 基本政治制度

6.（　　）是每一个员工的基本职业素质体现。

A. 放纵他人　　B. 严于同事　　C. 放纵自己　　D. 严于律己

7. 劳动纠纷是指劳动关系双方当事人在执行劳动法律、法规或履行（　　）的过程中持不同的主张和要求而产生的争执。

A. 合同法　　B. 宪法　　C. 个人权利　　D. 劳动合同

8. 用量缸表测量气缸时，当大指针顺时针方向离开“0”位，表示气缸直径（　　）标准尺寸的缸径。

A. 小于　　B. 等于　　C. 大于　　D. 大于或等于

9. 正弦交流电的三要素是（　　）、角频率和初相位。

A. 最小值　　B. 平均值　　C. 最大值　　D. 代数值

10. 三极管的（　　）作用是三极管基本的和最重要的特性。

A. 电流放大　　B. 电压放大　　C. 功率放大　　D. 单向导电

11. 液压缸按结构形式主要分为活塞式、柱塞式、（　　）。

A. 双作用式　　B. 液压式　　C. 单作用式　　D. 摆动式

12. 汽车基本上由（　　）四大部分组成。

A. 发动机、变速器、底盘、车身
B. 离合器、底盘、车身、电气设备
C. 发动机、离合器、变速器、车身
D. 发动机、底盘、车身、电气设备

13. 凸轮轴是用来控制各气缸进、排气门（　　）时间的。

A. 开闭时刻和开启持续　　B. 压缩
C. 点火　　D. 做功

14. 汽车空调中的冷凝器常用的有管带式、（　　）、平流式三种类型。

A. 管片式　　B. 卧式壳管式　　C. 套管式　　D. 壳管式

15. 发动机起动后，应（　　）检查各仪表的工作情况是否正常。

A. 及时　　B. 迟后　　C. 途中　　D. 熄火后

16.（　　）与血红蛋白结合，造成血液输氧能力下降，导致人体缺氧。

A. 固体颗粒　　B. HC　　C. 氮氧化物　　D. CO

17. 主要是在发动机进气口、排气口和运转中的风扇处的响声属于（　　）异响。

A. 机械　　B. 燃烧　　C. 空气动力　　D. 电磁

18. 电控发动机怠速不平稳原因有进气管真空渗漏和（　　）等。

A. 电动汽油泵不工作　　B. 曲轴位置传感器失效

C. 点火正时失准　　D. 爆震传感器失效

19. 若发动机连杆轴承响，响声会随发动机负荷增加而（　　）。

A. 减小　　B. 增大

C. 先增大后减小　　D. 先减小后增大

20. 发动机活塞敲缸异响发出的声音是（　　）声。

A. 铛铛　　B. 啪啪　　C. 嗒嗒　　D. 噗噗

21. 发动机活塞销异响的原因是（　　）。

A. 活塞销与活塞上的销座孔配合松旷

B. 连杆弯曲、扭曲变形

C. 连杆轴承盖的连接螺纹松动

D. 活塞销质量差

22. 若发动机气门响，其响声会随发动机转速增高而增高，温度变化和单缸断火时响声（　　）。

A. 减弱　　B. 不减弱

C. 消失　　D. 变化不明显

23. 汽油机点火过早异响的现象是（　　）。

A. 发动机温度变化时响声不变化

B. 单缸断火响声不减弱

C. 发动机温度越高、负荷越大，响声越强烈

D. 变化不明显

24. 在起动柴油机时排气管不排烟，这时将喷油泵放气螺钉松开，扳动手油泵，观察泵放气螺钉是否流油，若不流油或有气泡冒出，表明（　　）。

A. 低压油路有故障　　B. 高压油路有故障

C. 回油油路有故障　　D. 高、低压油路都有故障

25. 柴油机起动时排气管冒白烟，其故障原因是（　　）。

A. 燃油箱无油或存油不足　　B. 柴油滤清器堵塞

C. 高压油管有空气　　D. 燃油中有水

26. （　　）是汽油发动机热车起动困难的主要原因。

A. 混合气过稀　　B. 混合气过浓

C. 油路不畅　　D. 点火错乱

27. 柴油机起动困难，应从喷油时刻、（　　）、压缩终了时的气缸压力和温度等方面找原因。

A. 燃油雾化　　B. 手油泵

C. 燃油输送　　D. 喷油泵驱动联轴器

28. 当起动车辆的时候没听到起动的声音，则说明（　　）。

A. 蓄电池电压低　　B. 发电机损坏

C. 起动机不工作　　D. 点火线圈温度过高

29. 如果是发动机完全不能起动，并且毫无着火迹象，一般是由于燃油没有喷射引起的，需要检查（　　）。

A. 转速信号系统　　B. 火花塞

C. 起动机　　D. 点火线圈

30. 柴油机动力不足，可在发动机运转中运用（　　），观察发动机转速变化，找出故障缸。

A. 多缸断油法　　B. 单缸断油法

C. 多缸断火法　　D. 单缸断火法

31. 发动机加速发闷，转速不易提高的原因是（　　）。

A. 火花塞间隙不符合标准　　B. 少数缸不工作

C. 空气滤清器堵塞　　D. 排气系统阻塞

32. 柴油发动机燃油油耗超标的原因是（　　）。

A. 配气相位失准　　B. 气缸压力低

C. 喷油器调整不当　　D. 机油变质

33. 一般情况下，机油消耗与燃油消耗比值为（　　）为正常。

A. 0.1%～0.5%　　B. 0.5%～1%

C. 0.25%～0.5%　　D. 0.5%～2%

34. 若汽油机燃料消耗量过大，则检查（　　）。

A. 油箱或管路是否漏油　　B. 空气滤清器是否堵塞

C. 燃油泵故障　　D. 进气管漏气

35. 若发动机机油油耗超标，则检查（　　）。

A. 机油黏度是否符合要求　　B. 润滑油道堵塞

C. 气门与气门导管的间隙　　D. 油底壳油量是否不足

36. 柴油机排放的主要有害物质有（　　）。

A. 碳烟　　B. CO_2　　C. CO　　D. N_2

37. 若发动机排放超标应检查（　　）。

A. 排气歧管　　B. 排气管

C. 三元催化转化器　　D. EGR 阀

38. 若发动机过热，且上水管与下水管温差甚大，可判断（　　）不工作。

A. 水泵　　B. 节温器　　C. 风扇　　D. 散热器

39. 发动机产生爆震的原因是（　　）。

A. 压缩比过小　　B. 汽油辛烷值过低

C. 点火过晚　　D. 发动机温度过低

40. 电控发动机怠速不稳的原因是（　　）。

A. 节气门位置传感器失效　　B. 曲轴位置传感器失效

C. 点火正时失准　　D. 氧传感器失效

41. 电控发动机故障征兆模拟试验法包括（　　）。

A. 专用诊断仪器诊断　　B. 随车故障自诊断

C. 简单仪表诊断　　D. 加热法

42. 电控发动机怠速不稳的故障现象是（　　）。

A. 发动机怠速不平稳，且易熄火　　B. 发动机转速忽高忽低

C. 发动机工作时好时坏　　D. 燃油消耗量过大

43. 电控发动机运转不稳故障现象是（　　）。

A. 发动机怠速不平稳，且易熄火

B. 加速时发动机消声器有“放炮”声

C. 发动机工作时好时坏

D. 燃油消耗量过大

44. 电控发动机加速无力故障原因是（　　）。

A. 燃油压力调节器失效　　B. 曲轴位置传感器失效

C. 凸轮轴位置传感器失效　　D. 氧传感器不稳

45. 发动机（　　）起动，是由 EFI 主继电器电源失效造成的。

A. 正常　　B. 不能

C. 勉强　　D. 正常、不能、勉强均正确

46. 汽车起步时，车身发抖并能听到“咔啦、咔啦”的撞击声，且在车速变化时响声更加明显。车辆在高速挡用小油门行驶时，响声增强，抖动更严重。其原因可能是（　　）。

A. 常啮合齿轮磨损成梯形或轮齿损坏

B. 分离轴承缺少润滑油或损坏

C. 传动轴弯曲

D. 传动轴万向节叉等速排列破坏

47. 离合器盖与压盘连接松旷会导致（　　）。

A. 万向传动装置异响　　B. 离合器异响

C. 手动变速器异响　　D. 驱动桥异响

48. 变速器工作时发出不均匀的碰击声，其原因可能是（　　）。

A. 分离轴承缺少润滑油或损坏

B. 从动盘铆钉松动、钢片破裂或减振弹簧折断

C. 离合器盖与压盘连接松旷

D. 齿轮齿面金属剥落或个别牙齿折断

49. 诊断与排除底盘异响需要下列哪些操作准备（　　）。

A. 汽车故障排除工具及设备　　B. 故障诊断仪

C. 一台无故障的汽车　　D. 解码仪

50. 行驶中，声响杂乱无规律，时而出现金属撞击声，说明（　　）。

A. 中间支承轴承内圈过盈配合松旷

B. 中间轴承支承架固定螺栓松动

C. 万向节轴承壳压紧过甚，使之转动不灵活

D. 传动轴万向节叉等速排列破坏

51. 连续踏动离合器踏板，在即将分离或结合的瞬间有异响，则为（　　）。

A. 压盘与离合器盖连接松旷　　B. 轴承磨损严重

C. 摩擦片铆钉松动、外露　　D. 中间传动轴后端螺母松动

52. 变速器直接挡工作无异响，其他挡位均有异响，说明（　　）。

A. 齿轮啮合不良或损坏　　B. 第二轴后轴承松旷或损坏

C. 齿轮间隙过小引起的　　D. 第二轴前轴承损坏

53. 在读取故障代码之前，应先（　　）。

A. 检查汽车蓄电池电压是否正常

B. 打开点火开关，将它置于 ON 位置，但不要起动发动机

C. 按下超速挡开关，使之置于 ON 位置

D. 根据自动变速器故障警告灯的闪亮规律读出故障代码

54.（　　）会使前轮外倾发生变化，造成轮胎单边磨损。

A. 纵横拉杆或转向机构松旷

B. 钢板弹簧 U 形螺栓松旷

C. 轮毂轴承松旷或转向节与主销松旷

D. 前钢板吊耳销和衬套磨损

55.（　　）会导致胎冠由内侧向外侧呈锯齿状磨损。

A. 前轮前束过小

B. 横直拉杆或转向机构松旷

C. 轮毂轴承松旷或转向节与主销松旷

D. 前轮前束过大

56. 下列属于前轮摆振现象的是（　　）。

A. 轮胎胎面磨损不均匀，胎冠两肩磨损，胎壁擦伤

B. 汽车行驶时，有时出现两前轮各自围绕主销进行角振动的现象

C. 胎冠由外侧向里侧呈锯齿状磨损，胎冠呈波浪状磨损，胎冠呈碟边状磨损

D. 胎冠中部磨损，胎冠外侧或内侧单边磨损

57. 如果前轮轮胎呈现胎冠两肩磨损、中部磨损、单边磨损、锯齿状磨损、波浪状磨损等，若呈现无规律磨损，则为（　　）原因造成。

A. 轮胎气压过低

B. 各部松旷、变形、使用不当或轮胎质量不佳

C. 前轮外倾过小

D. 前束过小或负前束

58. 为保持轮胎缓和路面冲击的能力，给轮胎的充气标准可（　　）最高气压。

A. 略低于　　B. 略高于　　C. 等于　　D. 高于

59. 诊断前轮摆振的程序第二步应该检查（　　）。

A. 前桥与转向系各连接部位是否松旷

B. 前轮是否装用翻新轮胎

C. 前钢板弹簧 U 形螺栓

D. 前轮的径向跳动量和端面跳动量

60. 双手左右抓住方向盘，沿转向轴轴线方向做上下拉压动作，如果感到有明显的松旷量，则故障在（　　）。

A. 转向器内主从动部分啮合部位松旷或垂臂轴承松旷

B. 方向盘与转向轴之间松旷

C. 转向器主动部分轴承松旷

D. 转向器在车架上的固定不好

61. 下列哪种现象不属于制动跑偏的现象（　　）。

A. 制动突然跑偏　　B. 向右转向时制动跑偏

C. 有规律的单向跑偏　　D. 无规律的忽左忽右的跑偏

62. 下列哪种现象属于制动拖滞（　　）。

A. 汽车行驶时，有时出现两前轮各自围绕主销进行角振动的现象，即前轮摆振

B. 轮胎胎面磨损不均匀，胎冠两肩磨损，胎壁擦伤，胎冠中部磨损

C. 驾驶员必须紧握方向盘方能保证直线行驶，若稍微放松方向盘，汽车便自行跑向一边

D. 踏下制动踏板感到高而硬，踏不下去。汽车起步困难，行驶无力。当松抬加速踏板踏下离合器时，尚有制动感觉

63. 制动蹄与制动蹄轴锈蚀，使制动蹄转动复位困难会导致（　　）。

A. 制动失效　B. 制动跑偏　C. 制动抱死　D. 制动拖滞

64. 感觉防抱死控制系统工作不正常，该现象是（　）。

A. 制动拖滞　B. 制动跑偏

C. 制动抱死　D. 制动防抱死装置失效

65. 就一般防抱死刹车系统而言，下列叙述哪个正确（　）。

A. 紧急刹车时，可避免车轮抱死而造成方向失控或不稳定现象

B. ABS 故障时，刹车系统将会完全丧失制动力

C. ABS 故障时，方向盘的转向力量将会加重

D. 可提高行车舒适性

66. 在诊断与排除汽车制动故障的操作准备前应准备一辆（　）汽车。

A. 待排除的有传动系故障的　B. 待排除的有制动系故障的

C. 待排除的有转向系故障的　D. 待排除的有行驶系故障的

67. 出现制动跑偏故障，如果轮胎气压一致，用手触摸跑偏一边的制动鼓和轮毂轴承过热，应（　）。

A. 检查左右轴距是否相等

B. 检查前束是否符合要求

C. 检查两侧主销后倾角或车轮外倾角是否不等

D. 调整制动间隙或轮毂轴承

68. 若制动拖滞故障在制动主缸，应先检查（　）。

A. 踏板自由行程是否过小

B. 制动踏板复位弹簧弹力是否不足

C. 踏板轴及连杆机构的润滑情况是否良好

D. 回油情况

69. 排除制动防抱死装置失效故障后应该（　）。

A. 检验驻车制动是否完全释放　B. 清除故障代码

C. 进行路试　D. 检查制动液液面是否在规定的范围内

70. 在诊断与排除制动防抱死故障灯报警故障时，连接“STAR”扫描仪和 ABS 自诊断连接器，接通“STAR”扫描仪上的电源开关，按下中间按钮，再将车上的点火开关转到 ON 位置，如果有故障码存储在电脑中，那么在（　）s 钟内将从扫描仪的显示器显示出来。

A. 15　B. 30　C. 45　D. 60

71. 前照灯近光灯丝损坏，会造成前照灯（　）。

A. 全不亮　B. 一侧不亮　C. 无近光　D. 无远光

72. 汽车灯光系统出现故障，除因本系统元件损坏外，还可能与（　）有关。

A. 充电系　　　　　　　　　　B. 起动系

C. 仪表报警系　　　　　　　　D. 空调系统

73. 用试灯测量照明灯线路某点，灯亮，说明此点前方的线路（　　）。

A. 断路　　　B. 短路　　　C. 正常　　　D. 击穿

74. 用万用表检测照明灯线路某点，无电压显示。说明此点前方的线路（　　）。

A. 断路　　　　　　　　　　B. 短路

C. 搭铁　　　　　　　　　　D. 接触电阻较大

75. 用万用表检测照明灯线路某点，若显示正常电压，说明该点前方的线路（　　）。

A. 断路　　　B. 短路　　　C. 搭铁　　　D. 良好

76. 若闪光器电源接柱上的电压为 0 V，说明（　　）。

A. 供电线断路　　　　　　　B. 转向开关损坏

C. 闪光器损坏　　　　　　　D. 灯泡损坏

77. 当转向开关拨至左转向时，左右两边转向灯都发出微弱的光，则故障点是在（　　）。

A. 左转向灯搭铁处　　　　　B. 右转向灯搭铁处

C. 左转向灯供电处　　　　　D. 右转向灯供电处

78. 打开右转向时，右转向灯闪光频率加快，原因是（　　）。

A. 左侧转向灯个别损坏　　　B. 右侧转向灯个别损坏

C. 右侧转向灯功率较大　　　D. 闪光器内部故障

79. 鼓风机不转会造成（　　）。

A. 不制冷　　　　　　　　　B. 冷气量不足

C. 系统太冷　　　　　　　　D. 噪声大

80. 空调系统外面空气管道打开，会造成（　　）。

A. 无冷气产生　　　　　　　B. 系统太冷

C. 间断制冷　　　　　　　　D. 冷空气量不足

81. 压缩机排量减小会导致（　　）。

A. 不制冷　　　　　　　　　B. 间歇制冷

C. 供暖不足　　　　　　　　D. 制冷量不足

82. 制冷系统中有水汽，会引起（　　）发出噪声。

A. 压缩机　　B. 蒸发器　　C. 冷凝器　　D. 膨胀阀

83. 膨胀阀卡住在开启最大位置，会导致（　　）。

A. 冷气不足　　　　　　　　B. 系统太冷

C. 无冷气产生　　　　　　　D. 间断制冷

84. 空调系统出风道空气不足，会造成（　　）。

A. 冷空气不足　　B. 无冷气产生

C. 系统太冷　　D. 间断制冷

85. 恒温器调整的断开温度过低，会造成（　　）。

A. 冷气不足　　B. 无冷气产生

C. 间断制冷　　D. 系统太冷

86. 冷却水管堵塞，会造成（　　）。

A. 不供暖　　B. 冷气不足　　C. 不制冷　　D. 系统太冷

87. 打开鼓风机开关，只能在高速挡位上运转，说明（　　）。

A. 鼓风机开关损坏　　B. 调速电阻损坏

C. 鼓风机损坏　　D. 供电断路

88. 热水开关关不死会造成（　　）。

A. 制冷剂泄漏　　B. 冷却水泄漏

C. 冷却油泄漏　　D. 以上均有可能

89. 除霜热风出口位于（　　）。

A. 仪表台下方　　B. 仪表台上方

C. 仪表台后方　　D. 变速杆前方

90. 发动机曲轴冷压校正后，一般还要进行（　　）。

A. 正火处理　　B. 表面热处理　　C. 时效处理　　D. 淬火处理

91. 当发动机曲轴中心线弯曲大于（　　）mm 时，曲轴须加以校正。

A. 0.10　　B. 0.05　　C. 0.025　　D. 0.015

92. 凸轮轴轴向间隙的允许极限为（　　）mm。

A. 0.10　　B. 0.15　　C. 0.025　　D. 0.015

93. 发动机气缸盖上的气门座裂纹最好的修理方法是（　　）。

A. 粘接法　　B. 磨削法　　C. 焊修法　　D. 堵漏法

94. 气缸体翘曲变形多用（　　）进行检测。

A. 百分表和塞尺　　B. 塞尺和直尺

C. 游标卡尺和直尺　　D. 千分尺和塞尺

95. 用气缸压力表测试气缸压力前，应使发动机运转至（　　）。

A. 怠速状态　　B. 正常工作温度

C. 正常工作状况　　D. 大负荷工况状态

96. QFC—4 型微电脑发动机综合分析仪可判断柴油机（　　）。

A. 喷油状况　　B. 燃烧状况

C. 混合气形成状况　　D. 排气状况

97. 使用国产 EA—2000 型发动机综合分析仪时，当系统对各适配器逐个自检，若连接正确显示为（　　）色。

A. 红　　B. 绿　　C. 黄　　D. 蓝

98. 汽车专用示波器的波形，显示的是（　　）的关系曲线。

A. 电流与时间　　B. 电压与时间

C. 电阻与时间　　D. 电压与电阻

99. 发动机电子控制系统故障诊断目前常用的方法有（　　）和利用诊断仪器进行诊断。

A. 人工诊断　　B. 读取故障码

C. 经验诊断　　D. 自诊断

100. 下列（　　）是发动机电子控制系统正确诊断的步骤。

A. 静态模式读取和清除故障码—症状模拟—症状确认—动态故障代码检查

B. 静态模式读取和清除故障码—症状模拟—动态故障代码检查—症状确认

C. 症状模拟—静态模式读取和清除故障码—动态故障代码检查—症状确认

D. 静态模式读取和清除故障码—症状确认—症状模拟—动态故障代码检查

101. 用数字万用表的（　　）可检查点火线圈是否有故障。

A. 欧姆挡　　B. 电压挡　　C. 千欧挡　　D. 兆欧挡

102. 检测电控燃油喷射系统燃油压力时，应将油压表接在供油管和（　　）之间。

A. 燃油泵　　B. 燃油滤清器

C. 分配油管　　D. 喷油器

103. 检测发动机配气相位的仪器有（　　）。

A. CQ—1A 型曲轴箱窜气量测量仪　　B. 气门正时检验仪

C. 千分表　　D. 汽车电气万能试验台

104. 发动机缸套镗削后，还必须进行（　　）。

A. 光磨　　B. 珩磨　　C. 研磨　　D. 铰磨

105. 桑塔纳 2000GLi 型轿车 AFE 型发动机的机油泵齿轮啮合间隙磨损极限为（　　）mm。

A. 0.10　　B. 0.20　　C. 0.50　　D. 0.30

106. 在水杯中加热节温器对其进行检查，其打开温度约为（　　）℃。

A. 70　　B. 50　　C. 78　　D. 87

107. 安装 AJR 型发动机活塞环时，其开口应错开（　　）。

A. 90°　　B. 100°　　C. 120°　　D. 180°

108. 日本丰田轿车采用下列（　　）项方法调整气门间隙。

A. 两次调整法　　B. 逐缸调整法

C. 垫片调整法　　D. 不用调整

109. 拧紧 AJR 型发动机气缸盖螺栓时，第二次拧紧力矩为（　　）N·m。

A. 40　　B. 50　　C. 60　　D. 75

110. 铝合金发动机气缸盖下平面的平面度误差每任意 50 mm×50 mm 范围内均不应大于（　　）mm。

A. 0.015　　B. 0.025　　C. 0.035　　D. 0.030

111. 根据《汽车发动机缸体与气缸盖修理技术条件》的技术要求，气缸套上端面应不低于气缸体上平面，也不高出（　　）mm。

A. 0.10　　B. 0.075　　C. 0.05　　D. 0.25

112. 发动机曲轴轴承座孔轴线与气缸轴线应用（　　）误差评价。

A. 平行度　　B. 垂直度　　C. 同轴度　　D. 位置度

113. 检测凸轮轴轴向间隙的工具是（　　）。

A. 百分表　　B. 外径千分尺

C. 游标卡尺　　D. 塑料塞尺

114. 对于二冲程发动机，气缸完成一个工作循环活塞往复运动（　　）个行程。

A. 1　　B. 2　　C. 3　　D. 4

115. 非分散型红外线气体分析仪使用前，先接通电源，预热（　　）min 以上。

A. 20　　B. 30　　C. 40　　D. 60

116. 壳体后端面对第一、二轴轴承承孔的公共轴线的端面圆跳动公差为（　　）mm。

A. 0.15　　B. 0.20　　C. 0.25　　D. 0.30

117. 变速器壳体前后端面对第一、二轴轴承孔公共轴线的圆跳动误差，可用（　　）进行检测。

A. 内径千分尺　　B. 百分表

C. 高度游标卡尺　　D. 塞尺

118. 驱动桥油封轴颈的径向磨损不大于（　　）mm，油封轴颈端面磨损后，轴颈位的长度应大于油封的厚度。

A. 0.15　　B. 0.20　　C. 0.25　　D. 0.30

119. 编制差速器壳的修理工艺卡中，下列属于技术检验工艺卡项目的是（　　）。

A. 左右差速器壳内外圆柱面的轴线及对接面的检验

B. 圆锥主动齿轮花键与凸缘键槽的侧隙的检验

C. 差速器轴承与壳体及轴颈的配合的检验

D. 圆柱主动齿轮轴承与轴颈的配合间隙的检验

120. 差速器壳体修复工艺程序的第二步应该是（　　）。

A. 彻底清理差速器壳体内外表面（包括水垢）

B. 根据全面检验的结论，确定修理内容及修复工艺

C. 差速器轴承与壳体及轴颈的配合应符合原设计规定

D. 差速器壳连接螺栓拧紧力矩应符合原设计规定

121. 转向器中蜗杆轴承与蜗杆轴配合的最大间隙不得大于原设计规定（　　）mm。

A. 0.002　　B. 0.02　　C. 0.006　　D. 0.06

122. 手动变速器壳体上用的连接螺栓是（　　）mm。

A. M8×50　　B. M8×60　　C. M8×85　　D. M8×45

123. 下列关于自动变速器驱动桥中各总成的装合与调整中说法错误的是（　　）。

A. 用扭力扳手转动输出轴，检查输出轴的转动扭矩，此时所测力矩是开始转动所需的力矩

B. 输出轴和齿轮总成保持不动（可用 2 个螺钉将一扳杆固定在输出轴齿轮上），装上输出轴垫圈和螺母，按照规定力矩拧紧

C. 把百分表支架装在驱动桥壳体上，使百分表触头对着输出轴中心孔上粘着的钢球，用专用工具推、拉并同时转动输出轴，将输出轴轴承装合到位

D. 将输出轴、轴承及调整垫片装入驱动桥壳体内，以专用螺母作为压装工具将输出轴齿轮及轴承压装到位

124. 变速驱动桥装车的第一步应该（　　）。

A. 在车下将变速驱动桥移至与发动机对齐

B. 将变速驱动桥置于专用拆装千斤顶上，插好安全链条

C. 将变速驱动桥移向发动机，并使变矩器的导向柱插入曲轴导向孔中，以多用途润滑脂润滑变矩器导向柱

D. 插入 1～2 个变矩器壳体固定螺栓，以固定变速驱动桥位置

125. 检查制动蹄摩擦衬片的厚度，标准值为（　　）mm。

A. 3　　B. 7　　C. 11　　D. 5

126. 转弯半径是指由转向中心到（　　）。

A. 内转向轮与地面接触点间的距离

B. 外转向轮与地面接触点间的距离

C. 内转向轮之间的距离

D. 外转向轮之间的距离

127. 转向系大修技术检验规范包括（　　）。

A. 螺杆有损坏　　B. 螺杆无损坏
C. 螺母有损坏　　D. 以上均正确

128. 制动鼓内径磨损量不超过（　　）mm。
A. 1　　B. 2　　C. 3　　D. 5

129. 制动踏板自由行程大于规定值，应该（　　）。
A. 调整　　B. 调大
C. 继续使用　　D. 以上均正确

130. 分动器各轴的轴向间隙的调整方法为（　　）。
A. 加减垫片　　B. 通过调整轴承盖与壳体的垫片厚度
C. 通过调整螺钉　　D. 通过调整螺母

131. 万向节球毂花键磨损松旷时，应（　　）。
A. 更换内万向节球毂　　B. 更换球笼壳
C. 更换万向节总成　　D. 更换外万向节球毂

132. 手动变速器总成竣工验收时，进行无负荷试验时间各挡运行应大于（　　）min。
A. 5　　B. 10　　C. 15　　D. 20

133. 制动性能台试检验的技术要求中，对于机动车制动完全释放时间对单车不得大于（　　）s。
A. 0.2　　B. 0.5　　C. 0.8　　D. 1.2

134. 转向传动机构的横、直拉杆的球头销按顺序装好后，要对其进行（　　）的调整。
A. 侧隙　　B. 间隙　　C. 紧固　　D. 预紧度

135. 下列属于驱动桥装配验收的项目有（　　）。
A. 检查转向盘的自由行程　　B. 调整前轮前束
C. 调整最大转向角　　D. 装复车轮制动器

136. 汽车转向轮侧滑量的检测应在（　　）上进行。
A. 制动试验台　　B. 滚筒试验台
C. 侧滑试验台　　D. 操作平台

137. 选用免维护蓄电池根据自己的需要，计算出需要的电池容量与（　　）。
A. 体积　　B. 价格　　C. 数量　　D. 性能

138. 蓄电池电解液面高度要求高出隔板上沿（　　）mm。
A. 5～10　　B. 10～15
C. 15～20　　D. 20～25

139. 对于干荷蓄电池初次使用，只需按规定加足电解液后，静放（　　）即可装车使用。

A. 24 h　　B. 12 h

C. 1 h　　D. 20～30 min

140. 发电机“N”与“E”或“B”间的反向阻值应为（　）。

A. 40～50 Ω　　B. 65～80 Ω

C. 710 kΩ　　D. 10 Ω

141. 转子绕组好坏的判断，可以通过测量发电机（　）接柱间的电阻来确定。

A. “F”与“E”　　B. “B”与“E”

C. “B”与“F”　　D. “N”与“F”

142. 将机械式万用表的正测试棒（红色）接二极管引出极，负测试棒（黑色）接二极管的另一极。测其电阻大于 10 kΩ，则该二极管为（　）。

A. 正极管　　B. 负极管

C. 励磁二极管　　D. 稳压二极管

143. 检查传动带松紧度，用 30～50 N 的力按下传动带，挠度应为（　）。

A. 5～10 mm　　B. 10～15 mm

C. 15～20 mm　　D. 20～25 mm

144. 调节器的检测方法可分为静态检测和（　）。

A. 电阻检测　　B. 搭铁形式检测

C. 管压降检测　　D. 动态检测

145. 静态检测方法即用万用表测量晶体管调节器各接柱之间的静态（　）。

A. 电压　　B. 电流　　C. 电阻　　D. 电容

146. 接通电路，测量调节器大功率三极管的管压降过低（小于 0.6 V），说明三极管（　）。

A. 短路　　B. 断路　　C. 搭铁　　D. 良好

147. 万能电气实验台上，用于调节发电机磁场电流的部件是（　）。

A. 可调电源　　B. 可调电阻　　C. 可调电容　　D. 可调电感

148. QD124 型起动机，空转试验电压 12V 时，起动机转速不低于（　）r/min。

A. 3 000　　B. 4 000　　C. 5 000　　D. 6 000

149. 检验起动机的工作性能应使用（　）。

A. 测功仪　　B. 发动机综合分析仪

C. 电气万能试验台　　D. 解码仪

150. 给起动机定子上每个磁场绕组通电，若某个磁极力较弱，说明该绕组（　）。

A. 断路　　B. 短路　　C. 搭铁　　D. 击穿

151. 起动机作空载试验时，若起动机装配过紧，则（　　）。

A. 电流高而转速低　　B. 转速高而电流低

C. 电流、转速均高　　D. 电流、转速均低

152. 起动系线路（　　）应不大于 0.2 V。

A. 电压　　B. 电压降　　C. 电动势　　D. 电阻

153. 试验起动系时，试验时间（　　）。

A. 不宜过长　　B. 不宜过短　　C. 尽量长些　　D. 无要求

154. 起动机供电线路，重点检测线路各接点的（　　）情况。

A. 电流　　B. 压降　　C. 电动势　　D. 电阻

155. 汽车暖风装置除能完成其主要功能外，.还能起到（　　）。

A. 除湿　　B. 除霜　　C. 去除灰尘　　D. 降低噪声

156. 天气寒冷时，向车内提供暖气，以提高车厢内温度的装置是（　　）。

A. 制冷装置　　B. 暖风装置　　C. 送风装置　　D. 加湿装置

157. 汽车空调的诊断参数中没有（　　）。

A. 风量　　B. 温度　　C. 湿度　　D. 压力

158. 用于连接制冷装置低压侧接口与低压表下的接口的软管颜色为（　　）。

A. 蓝色　　B. 红色　　C. 黄色　　D. 绿色

159. 氟利昂 R12 是（　　）的气体。

A. 有颜色、无气味　　B. 有颜色、有气味

C. 有气味、无颜色　　D. 无颜色、无气味

160. 连接空调管路时，应在接头和密封圈上涂上干净的（　　）。

A. 煤油　　B. 机油　　C. 润滑脂　　D. 冷冻油

得分	
评分人	

二、判断题（将判断结果填入括号中。正确的填“√”，错误的填“×”。每题 0.5 分，满分 20 分）

（　　）161. 职业意识正确与否，直接影响职业选择和职业成就。

（　　）162. 职业意识是指人们对职业岗位的认同、表扬、情感和态度等心理成分的总和，其核心是爱岗敬业本职工作，在本职岗位上能够踏踏实实地做好工作。

（　　）163. 团队意识含义包括规范意识和合作能力两个方面。

（　　）164. 工件旋转时，可以用千分尺测量尺寸大小。

（ ）165. 零件图由一组图形、完整的尺寸、技术要求和标题栏四部分组成。

（ ）166. 润滑脂的使用性能主要有稠度、低温性能、高温性能和耐磨油脂等。

（ ）167. 液压传动系统由动力装置、执行装置、控制装置、辅助装置等组成。

（ ）168. 举升器按控制方式只分为电动式、气动式两种。

（ ）169. 活塞环拆装钳是一种专门用于拆装气门弹簧的工具。

（ ）170. 汽车灯具的种类可分为仪表灯、防雾灯、顶灯、前照灯和工作灯等。

（ ）171. 在全面质量管理中，质量这个概念和全部管理目标的实现有关。

（ ）172. 汽车维修质量是维修企业的生命线。

（ ）173. 《合同法》规定，当事人订立合同，应当具有相应的民事权利能力和民事行为能力。

（ ）174. 全面质量管理概念最早是由法国质量管理专家提出的。

（ ）175. 若发动机曲轴主轴承响，则其响声随发动机转速的提高而增大。

（ ）176. 燃油系统压力不稳定，不可能造成发动机工作不稳。

（ ）177. 怠速太低，影响发动机正常工作。

（ ）178. 传动系各部件松动会导致前轮摆振故障。

（ ）179. 转向桥或车架变形、左右轴距相差过大、正时齿轮故障与制动跑偏现象没有关系。

（ ）180. 读解故障代码，只能用解码器直接读取，不可以通过警告灯读取故障代码。

（ ）181. 制冷剂不足是由于泄漏所致，将制冷剂补足即可。

（ ）182. 如果气缸盖裂纹发生在受力较大或温度较高的部位，则采用粘接法修理。

（ ）183. 滤纸式烟度计只能检测柴油机废气。

（ ）184. 新 195 型和 190 型柴油机是通过增减喷油泵与机体之间的铜垫片来调整供油提前角的，减少垫片供油时间则变晚。

（ ）185. 用连杆检验仪检验连杆变形时，若三点规的 3 个测点都与检验平板接触，则连杆发生弯曲变形。

（ ）186. 变速器输出轴弯曲变形应采用冷法校正。

（ ）187. 变速器输入轴用组合式滚动轴承垫片调整，密封垫厚度可以自由选择。

（ ）188. 正常工作的两片钢板弹簧之间的间隙等于 2 mm。

（ ）189. 连杆出现弯曲变形，应该进行校正。

（ ）190. 用卡尺测量膜片弹簧的深度和宽度。磨损深度大于 0.6 mm，宽度大于 5 mm，应予以更换。

（　）191. 用内、外径量具测量，主销衬套内孔磨损超过 0.70 mm，或衬套与主销的配合间隙超过 0.20 mm 时，应更换主销衬套。

（　）192. 变速器壳体出现裂纹、各接合平面发生明显的翘曲变形或各轴承座孔磨损严重与轴承配合松旷时，应换用新件。

（　）193. 半轴套管中间两轴颈径向跳动不得大于 0.05 mm。变形超过规定时，可采用高温高压校正的方法。

（　）194. 汽车车身主要是由若干冲压钣金件、型材、焊接组件或非金属材料成型件组合而成。

（　）195. 蓄电池全放电时电解液密度为 0。

（　）196. 桑塔纳起动线路上，点火开关直接控制起动机，无起动继电器。

（　）197. 独立热源式加热系统可分为独立热源气暖式和独立热源水暖式。

（　）198. 移动式空调维修盒是一个可移动的组合体，具有较全面的维修功能。

（　）199. 安装电磁离合器时，若空气间隙不合适时，应根据需要增减垫片。

（　）200. 采用加压检漏法时，严禁使用可燃气体。

高级汽车修理工理论知识考试模拟试卷（二）

注 意 事 项

1. 考试时间：120 分钟。
2. 本试卷依据 2005 年颁布的《汽车修理工 国家职业标准》命制。
3. 请首先按要求在试卷的标封处填写您的姓名、准考证号和所在单位的名称。
4. 请仔细阅读各种题目的回答要求，在规定的位置填写您的答案。
5. 不要在试卷上乱写乱画，不要在标封区填写无关的内容。

	一	二	总分
得分			

得分	
评分人	

一、单项选择题（下列答案中只有一个是正确的，请将正确答案的序号填在括号内。每题 0.5 分，总计 80 分）

1. 在企业的经营活动中，下列选项中的（　　）不是职业道德功能的表现。
   A. 激励作用　B. 决策能力　C. 规范行为　D. 遵纪守法
2. 为了促进企业的规范化发展，需要发挥企业文化的（　　）功能。
   A. 娱乐　B. 主导　C. 决策　D. 自律
3. 职业道德对企业起到（　　）的作用。
   A. 增强员工独立意识　B. 模糊企业上级与员工关系
   C. 使员工规规矩矩做事情　D. 增强企业凝聚力
4. 正确阐述职业道德与人的事业的关系的选项是（　　）。
   A. 没有职业道德的人不会获得成功
   B. 要取得事业的成功，前提条件是要有职业道德

C. 事业成功的人往往并不需要较高的职业道德

D. 职业道德是人获得事业成功的重要条件

5.（　　）是企业诚实守信的内在要求。

A. 维护企业信誉　　B. 增加职工福利

C. 注重经济效益　　D. 开展员工培训

6. 办事公道是指从业人员在进行职业活动时要做到（　　）。

A. 追求真理，坚持原则　　B. 有求必应，助人为乐

C. 公私不分，一切平等　　D. 知人善任，提拔知己

7. 下列关于勤劳节俭的论述中，正确的选项是（　　）。

A. 勤劳一定能使人致富　　B. 勤劳节俭有利于企业持续发展

C. 新时代需要巧干，不需要勤劳　　D. 新时代需要创造，不需要节俭

8. 企业员工违反职业纪律，企业（　　）。

A. 不能做罚款处罚

B. 因员工受劳动合同保护，不能给予处分

C. 视情节轻重，做出恰当处分

D. 警告往往效果不大

9. 企业员工在生产经营活动中，不符合平等尊重要求的是（　　）。

A. 真诚相待，一视同仁　　B. 互相借鉴，取长补短

C. 男女有序，尊卑有别　　D. 男女平等，友爱亲善

10. 金属制成的圆形均匀截面导线的长为 5 m，其电阻为 2 Ω，现将该导线均匀拉长到 10 m，则此时的电阻变为（　　）Ω。

A. 2　　B. 4　　C. 6　　D. 8

11. 磁感应线上任一点的（　　）方向与该点的磁场方向一致。

A. 曲线　　B. 切线　　C. 直线　　D. S 极

12. 在均匀磁场中，通过某一平面的磁通量为最大时，这个平面就和磁感应线（　　）。

A. 平行　　B. 垂直　　C. 斜交　　D. 任意位置

13. 磁通势的单位为（　　）。

A. Ω　　B. A　　C. H　　D. W_b

14. ""符号代表（　　）。

A. 二极管　　B. 三极管　　C. 稳压管　　D. 电阻

15.（　　）是电子电路中的重要元件，它具有放大作用。

A. 二极管　　B. 三极管　　C. 稳压管　　D. 电容

16. 通常集射极反向击穿电压应大于电源电压的（　　）倍。

A. 1～1.5　　B. 1.5～2　　C. 2～2.5　　D. 2.5～3

17. 液压传动以油液作为工作介质，依靠（　　）的变化来传递运动。

A. 容积　　B. 密封容积　　C. 能量　　D. 体积

18.（　　）回路可使工作部件在运动过程中的某一位置上停留一段时间保持不动。

A. 换向　　B. 顺序　　C. 锁紧　　D. 减压

19.（　　）只允许液流向一个方向通过，对另一个方向的液流则截止。

A. 压力阀　　B. 流量阀　　C. 方向阀　　D. 单向阀

20. 液压传动（　　）过载保护。

A. 易于　　B. 不易　　C. 难于　　D. 不可能

21. 汽车采用的液力变矩器属于（　　）式液压传动。

A. 动力　　B. 容积　　C. 压力　　D. 体积

22. “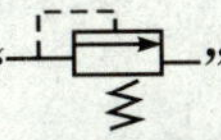”表示（　　）。

A. 减压阀　　B. 溢流阀　　C. 顺序阀　　D. 平衡阀

23. 双柱托举式举升器属于（　　）举升器。

A. 车下顶举式　　B. 局部

C. 车侧托举式　　D. 车上顶举式

24.（　　）扳手能显示转矩的大小。

A. 开口　　B. 梅花　　C. 扭力　　D. 活动

25. 汽车外部清洗设备主要用于汽车例行保养和维修作业（　　）的清洗。

A. 前　　B. 中　　C. 后　　D. A 或 B

26. 汽车发电机的端电压高于蓄电池的电动势时，蓄电池将一部分电能转变为（　　）储存起来。

A. 热能　　B. 机械能

C. 化学能　　D. 热能或机械能

27. 汽车发电机的（　　）是用来产生三相交流电的。

A. 转子总成　　B. 定子总成

C. 整流器　　D. 电压调节器

28. 火花塞间隙一般为（　　）mm。

A. 0.4～0.5　　B. 0.7～0.9

C. 0.5～0.7　　D. 1～1.2

29. 为了防止水分的凝结，需要对汽车风窗玻璃加热，采用（　　）。

A. 电动刮水器　　B. 风窗玻璃洗涤装置
C. 电动天线　　D. 风窗除霜装置

30. 常用的滤波电路是在负载两端并联一个（　）。
A. 电阻　B. 电感　C. 滤波电容　D. 电源

31. 功率集成电路属于（　）集成电路。
A. 模拟　B. 数字　C. 放大　D. 任意

32. 桑塔纳 2000GSi 型轿车装备（　）式氧传感器。
A. 二氧化钛　B. 二氧化锆　C. 二氧化碳　D. 二氧化硅

33. （　）只适用于暂时保留过程中的数据。
A. CPU　B. ROM　C. RAM　D. EPROM

34. 若电控发动机点火系统不能点火，则此时 ECU 将（　）。
A. 停止燃油喷射　　B. 继续喷油
C. 不能确定　　D. 断续喷油

35. 汽油机分电器轴向间隙不得大于（　）mm。
A. 0. 25　B. 0. 50　C. 0. 75　D. 1. 25

36. 锯削钢件时应使用（　）冷却。
A. 机油　B. 齿轮油　C. 冷却液　D. 酒精

37. 拆卸螺栓时，最好选用（　）。
A. 钳子　B. 活动扳手　C. 梅花扳手　D. 管子扳手

38. 全面质量管理简称（　）。
A. TQC　B. TQU　C. TCO　D. TOQC

39. 全面企业管理指对（　）进行全方位管理。
A. 员工　B. 企业　C. 部门　D. 设备

40. 全面质量管理中的四个环节中的 P 是指（　）。
A. 计划　B. 执行　C. 检查　D. 处理

41. （　）决定了相关总成、部件和汽车的工作平衡程度。
A. 振动　　B. 噪声
C. 总成清洁度　　D. 动、静平衡程度

42. 汽车车速表的允许误差范围为（　）。
A. －5%～＋20%　　B. －20%～＋5%
C. －5%～＋5%　　D. －20%～＋20%

43. （　）在阳光下能形成光化学烟雾。
A. CO　B. HC　C. NO_X　D. 碳烟

44. 在读取故障代码之前，应先（　）。

A. 检查汽车蓄电池电压是否正常

B. 打开点火开关，将它置于 ON 位置，但不要起动发动机

C. 按下超速挡开关，使之置于 ON 位置

D. 根据自动变速器故障警告灯的闪亮规律读出故障代码

45. 利用 EGR 系统，可减小汽车（　　）的排放。

A. CO　　B. HC　　C. NO_X　　D. 碳烟

46. 以下废物中，不属于特种垃圾的是（　　）。

A. 废机油　　B. 制动液　　C. 防冻液　　D. 电线

47. 中华人民共和国公民有（　　）纳税的义务。

A. 依照约定　　B. 遵照指令

C. 按个人意愿　　D. 依照法律

48. 从事技术工种的劳动者上岗前必须经过（　　）。

A. 培训　　B. 训练　　C. 培养　　D. 教育

49. 汽车修理工艺规程要写明总的要求并（　　）写明每一工序如何操作。

A. 具体　　B. 不具体　　C. 分清　　D. 确定

50. 汽车主要零件的修复方法有机械加工法、焊接法、振动堆焊法、电镀、刷镀、喷涂、电火花加工以及（　　）。

A. 粘接法　　B. 局部更换法

C. 调整翻转法　　D. 压力加工修复法

51. 发动机气门导管与承孔的配合过盈一般为（　　）mm。

A. 0.01～0.04　　B. 0.02～0.06

C. 0.025～0.085　　D. 0.05～0.10

52. 铝合金缸体、缸盖比铸铁的更难焊接，最好的焊接方法是（　　）。

A. 氩弧焊　　B. CO_2保护焊

C. 乙炔焊　　D. 钎焊

53. 发动机干式气缸磨损严重超过最后一级修理尺寸时，应采取（　　）。

A. 修理尺寸法　　B. 镶套法

C. 珩磨法　　D. 镀铬法

54. 柴油发动机曲轴中心线径向圆跳动的大修标准是（　　）mm。

A. ≤0.05　　B. ≤0.01　　C. ≤0.50　　D. ≤0.02

55. 汽车变速器齿轮的材料应选用（　　）。

A. 高碳合金钢　　B. 低碳合金钢

C. 碳素工具钢　　D. 铸钢

56. 汽车变速器壳体的材料一般选用（　　）。

A. 高碳合金钢　　B. 低碳合金钢
C. 碳素工具钢　　D. 铸钢

57. 发动机曲轴现广泛采用（　　），可满足强度和刚度要求以及较高的耐磨性。
A. 合金钢　　B. 球墨铸铁
C. 灰口铸铁　　D. 特殊合金钢

58. 零件产生动不平衡的原因是（　　）。
A. 制造质量不均匀　　B. 零件材料强度不够
C. 零件材料硬度不符合要求　　D. 零件化学稳定性差

59. 粘接法用于修理汽车零件的裂纹，主要缺点是（　　）。
A. 设备复杂，操作困难　　B. 易产生热应力
C. 易造成腐蚀　　D. 抗冲击能力差，不耐高温

60. 发动机飞轮与曲轴装配后，飞轮平面对曲轴轴线的全跳动量应不大于（　　）mm。
A. 0.10　　B. 0.20　　C. 0.30　　D. 0.25

61. 汽车传动轴组装和发动机曲轴检验后，还必须进行（　　）。
A. 动平衡试验　　B. 传动试验
C. 装车试验　　D. 整体检验

62. 发动机曲轴磨削的目的是恢复曲轴轴颈的几何尺寸、几何精度和表面粗糙度，同时纠正曲轴的（　　）。
A. 形位误差　　B. 形状误差
C. 平行度误差　　D. 位置误差

63. 发动机凸轮轴弯曲度要测量中间轴颈，其径向圆跳动误差超过（　　）mm 时，必须冷压校正或更换。
A. 0.10　　B. 0.08　　C. 0.15　　D. 0.05

64. 发动机总成拆装过程中，不需要的机具是（　　）。
A. 活塞环拆装钳　　B. 气门弹簧拆装架
C. 千斤顶　　D. 专用扳手

65. 发动机铝制缸盖清除积炭溶液中不得加入的配方是（　　）。
A. 肥皂　　B. 重铬酸钾　　C. 水玻璃　　D. 苛性钠

66. 汽车零件修复，下列选项中（　　）可用镶套法进行修复。
A. 转向拉杆　　B. 气门座
C. 发动机缸体　　D. 传动轴花键轴

67. 装配工作效率不用（　　）作为指标评价。
A. 工时　　B. 成本

C. 机械化程度　　　　　　　D. 装配质量

68. 装配尺寸中对封闭环有影响的全部环称为组成环，下列选项中，（　　）不是组成环。

A. 增环　　B. 减环　　C. 补偿环　　D. 封闭环

69. 安装桑塔纳2000型轿车AFE发动机正时齿形带，应使凸轮轴齿带轮标记与（　　）平面标记对齐。

A. 曲轴齿轮　　　　　　　B. 气门室罩盖

C. V形带轮盘　　　　　　D. 齿带张紧轮

70. 传动轴由于零件的磨损、变形及安装位置不正确等会使得传动轴的临界转速（　　）。

A. 降低　　B. 提高　　C. 不变　　D. 不确定

71. 解放CA1092型汽车车用主减速器从动圆锥齿轮轴承预紧度调整是利用（　　）来进行的。

A. 减速器壳侧盖下的调整垫片

B. 环形螺母

C. 轴承壳与主减速器接合面间调整垫片

D. 止推垫片

72. 汽车转向节最常见的断裂部位是（　　）。

A. 转向节上耳根部　　　　B. 转向节内外轴承轴颈之间

C. 转向节轴颈的根部　　　D. 转向节下耳根部

73. 调整转向器啮合间隙时，转向器应处于（　　）位置。

A. 中间啮合　　B. 两端啮合　　C. 任意　　D. 前端

74. 为便于调整前轮前束，横拉杆两端每端应留出（　　）mm。

A. 5～10　　B. 10～15　　C. 15～20　　D. 8～12

75. 焊接时，一次施焊长度越长，焊接应力（　　）。

A. 越大　　B. 越小　　C. 不变　　D. 无变化

76. 汽车制动器摩擦衬片的外径应（　　）制动鼓的内径。

A. 大于　　　　　　　　B. 小于

C. 等于　　　　　　　　D. 小于或等于

77. 发动机活塞环边隙检查可用（　　）。

A. 卡尺　　B. 百分表　　C. 厚薄规　　D. 千分尺

78. 货车大修送修标志以（　　）为主。

A. 发动机　　B. 底盘　　C. 车身　　D. 电气设备

79. 气缸磨损圆度达到（　　）mm为发动机大修送修标志。

A. 0.050～0.063　　B. 0.075～0.085

C. 0.175～0.250　　D. 0.05～0.10

80. 汽车变速器大修送修标志是（　　）。

A. 壳体变形、破裂　　B. 变速器漏油

C. 变速齿轮磨损　　D. 变速器跳挡

81. 汽车后桥总成大修送修标志是（　　）。

A. 壳体变形、破裂　　B. 半轴套管承孔磨损

C. 减速器齿轮磨损　　D. 后桥总成有响声

82. 汽车前轴裂纹、变形，主销承孔磨损严重是（　　）总成大修送修标志。

A. 前桥　　B. 中桥　　C. 后桥　　D. 前轮

83. 客车车身总成大修送修的标志是（　　）。

A. 车身有轻微锈蚀　　B. 蒙皮破损

C. 车厢骨架变形严重　　D. 驾驶室锈蚀

84. 车辆送修时应具备（　　）功能，装备齐全，不得拆换。

A. 行驶　　B. 动力　　C. 经济　　D. 装合

85. 车辆和总成送修时，应将车辆和总成的有关（　　）一并送到承修单位。

A. 技术档案　　B. 汽车说明书

C. 行驶证　　D. 随车工具

86. 检验发动机气缸盖和气缸体裂纹，可用压力为（　　）kPa 的压缩空气，保持 5 min，以无泄漏为好。

A. 294～392　　B. 192～294

C. 392～490　　D. 353～441

87. 汽油机活塞环槽与第一环侧隙为（　　）mm。

A. 0.05～0.11　　B. 0.08～0.36

C. 0.10～0.25　　D. 0.05～0.30

88. 送修汽车修复合格后，承修单位应签发出厂合格证并将（　　）和合格证移交托修方。

A. 维修资料　　B. 修理工艺卡

C. 行驶证　　D. 大修竣工检验单

89. 关于车辆技术管理，甲说："车辆维护要坚持视情维护的原则。"乙说："车辆技术管理要采取现代化管理方法。"丙说："车辆技术管理要建立车辆质量监控体系。"说法不正确的是（　　）。

A. 甲　　B. 乙　　C. 丙　　D. 乙和丙

90. 汽车大修竣工外观检视不包括（　　）。

A. 仪表及指示值　　B. 后视镜
C. 转向性能　　D. 灯光信号标志

91. 汽车大修竣工后，汽车空载行驶，初速为 30 km/h 时，滑行距离应不小于（　）m。

A. 200　　B. 150　　C. 220　　D. 240

92. 汽车发动机大修后，最大功率和最大转矩不允许低于原设计额定值的（　）。

A. 80%　　B. 85%　　C. 90%　　D. 95%

93. 整车大修对轿车轮胎进行评定，其花纹深度不得小于（　）mm。

A. 3.2　　B. 2.0　　C. 1.6　　D. 1.0

94. 汽车发动机大修竣工后，不应有“四漏”现象，“四漏”是指（　）。

A. 漏油、漏水、漏电、漏气　　B. 漏油、漏水、漏电、漏件
C. 漏水、漏电、漏气、漏调　　D. 漏水、漏电、漏油、漏装

95. 机动车最大设计车速大于或等于 100 km/h，其转向盘的最大自由转动量从中间位置向左或向右转角均不得大于（　）。

A. 5°　　B. 10°　　C. 15°　　D. 30°

96. 客车质量检查评定方法根据得分值分为（　）个等级。

A. 四　　B. 三　　C. 两　　D. 五

97. 汽车在使用环境温度分别在－12℃和－26℃以上地区四季通用的中负荷齿轮油是（　）。

A. 85W/90　　B. 85W　　C. 80W　　D. 80W/90

98. 汽车使用－45 号冷却液其沸点达到（　）。

A. 102℃　　B. 104℃　　C. 106℃　　D. 108℃

99. 下述选项中，（　）影响发动机的充气效率。

A. 压缩比　　B. 润滑油品质
C. 空燃比　　D. 气缸容积

100. 利用进气管的动态效应可以提高发动机的（　）。

A. 机械效率　　B. 热效率　　C. 工作效率　　D. 充气效率

101. 汽油机缸内压力达到最大的时期为（　）。

A. 着火延迟期　　B. 急燃期
C. 补燃期　　D. 后燃期

102. 过量空气系数越大，着火延迟期越（　）。

A. 长　　B. 短　　C. 不确定　　D. 不变

103. 关于表面点火，说法不正确的是（　）。

A. 是一种不正常燃烧　　B. 表面点火危害小于爆燃
C. 表面点火形成原因有两种　　D. 表面点火危害较大

104. 发动机每小时耗油量大，则（　　）。
A. 动力性好　　B. 经济性差
C. 经济性不一定差　　D. 耗油率 g_e 一定大

105. 由汽油机外特性曲线可知有效功率 P_e（　　）。
A. 随转速增加而增加
B. 随转速增加而减小
C. 随转速增加先增加，后稍有下降
D. 无变化

106. 由柴油机负荷特性可知，随功率的增加排气烟度（　　）。
A. 增加　　B. 减小
C. 与速度成正比　　D. 与速度成反比

107. 下列不属于车辆检测诊断内容的是（　　）。
A. 主减速器啮合印痕　　B. 发动机异响
C. 底盘功率　　D. 排放性

108.（　　）汽车检测站应具备汽车底盘测功仪。
A. A 级　　B. B 级　　C. C 级　　D. D 级

109. 车辆选配和使用的前期管理要依据（　　）进行。
A. 交通部 13 号令　　B. 交通部 29 号令
C. 交通部 30 号令　　D. 相应的国家标准

110. 机动车转向盘最大自由转动量从中间位置向左向右转角，对于最大设计车速大于或等于 100 km/h 的机动车均不得大于（　　）。
A. 50°　　B. 10°　　C. 15°　　D. 20°

111.（　　）必须逐车建立车辆技术档案。
A. 单位　　B. 个人
C. 单位和个人　　D. 营运性企业

112. 在评定车辆是否为完好车时对投入运行年限（　　）。
A. 有要求　　B. 无要求
C. 未规定　　D. 要求在 2 年内

113. 机动车制动完全释放时间规定不大于（　　）s。
A. 1　　B. 0.8　　C. 2　　D. 3

114.（　　）是汽车动力性的总指标。
A. 最高车速　　B. 加速性能　　C. 平均速度　　D. 加速时间

115. 关于附着力，下列说法中正确的是（　　）。

A. 附着力与汽车驱动力的大小有关

B. 附着力与汽车重量有关

C. 附着力与地面情况无关

D. 附着力与轮胎的形式无关

116. 在同条件下（　　），汽车驱动力越大。

A. 主减器传动比越大　　B. 主减器传动比越小

C. 轮胎半径越大　　D. 变速器传动比越小

117. 对普通制动希望实现前后轮在紧急制动时（　　）。

A. 同时抱死　　B. 前轮先于后轮抱死

C. 后轮先于前轮抱死　　D. 后轮先于前轮起作用

118. 汽车在制动过程中横向附着系数随滑移率增加而（　　）。

A. 逐渐变小　　B. 逐渐变大

C. 先变小而后增加　　D. 先变大后变小

119. 车辆抱死时产生的最大减速度与附着系数（　　）。

A. 成正比　　B. 成反比　　C. 不成比例　　D. 无关

120. 下列关于汽车制动跑偏和制动侧滑关系的说法中，正确的是（　　）。

A. 制动跑偏不会引起制动侧滑

B. 制动侧滑不会引起制动跑偏

C. 严重的制动跑偏会引起制动侧滑

D. 二者在概念上是一致的

121. 汽车后轴发生侧滑时应该（　　）。

A. 踩制动　　B. 握紧方向盘

C. 向相反方向转动方向盘　　D. 向相同方向转动方向盘

122. 评价不同型号汽车的经济性用（　　）。

A. 耗油率　　B. 百公里油耗

C. 经济车速　　D. 尾气成分

123. 子午线轮胎侧偏刚度比普通斜交胎（　　）。

A. 小　　B. 大　　C. 一样　　D. 不能确定

124. 汽车中性转向特性（　　）。

A. 为理想转向特性　　B. 不能使车轮自动回正

C. 操纵性好　　D. 转向轻便

125. 汽车车身固有频率低于（　　）次/min 时，会使人有晕船感觉。

A. 40　　B. 50　　C. 60　　D. 70

126. 在松软路面上行驶，降低汽车轮胎气压会（　　）附着系数。

A. 降低　B. 增加　C. 不影响　D. 不改变

127. 汽车最高车速是指（　　）。

A. 最高的平均速度　B. 能达到的最高速度

C. 最高稳定行驶速度　D. 平坦良好路面上，最高稳定行驶速度

128. 汽车和无轨电车车轮阻滞力均不得大于该轴荷的（　　）。

A. 2%　B. 5%　C. 7%　D. 10%

129. 大部分自动变速器 N—D 换挡延时时间小于（　　）s。

A. 1.0～1.2　B. 0.6～0.8　C. 1.2～1.5　D. 1.5～2.0

130. 当汽车在行驶中后桥出现连续的“嗷嗷”声响，车速加快声响也加大，滑行时稍有减弱，说明（　　）。

A. 圆锥主从动齿啮合间隙过小　B. 圆锥主从动齿啮合间隙过大

C. 圆锥主从动齿啮合轮齿折断　D. 半轴花键损坏

131. 对液压制动的汽车连续踏几次制动踏板，始终到底且无力是因为（　　）。

A. 制动主缸皮碗损坏、顶翻

B. 制动蹄片和制动鼓间隙过大

C. 制动系统渗入空气或制动液气化

D. 制动液牌号不对

132. 汽车气压制动排气缓慢或不排气，应检查（　　）。

A. 制动凸轮轴的配合间隙　B. 制动操纵机构

C. 制动阀　D. 制动操纵机构和制动阀

133. 全自动汽车前照灯检测仪要保证（　　）m 的检测距离。

A. 2　B. 3　C. 4　D. 10

134. 发动机废气分析仪取样导管长度规定为（　　）m。

A. 3　B. 4　C. 5　D. 6

135. 汽车油耗计质量式油耗传感器由（　　）组成。

A. 称量装置、计数装置、控制装置

B. 流量变换机构、信号转换机构

C. 称量装置、计数装置、信号转换装置

D. 流量计量装置、计数装置、控制装置

136. 日本式汽车制动试验台电动机功率为（　　）kW。

A. 2×3～2×11　B. 2×0.7～2×2.2

C. 2×4～2×12　D. 2×5～2×10

137. 汽车侧滑试验台的测量装置主要有（　　）两种。

A. 电位计式和应变仪式　　B. 差动变压器式和应变仪式
C. 电磁感应式和电位计式　　D. 电位计式和差动变压器式

138. 汽车模拟示波器波形轨迹的亮度取决于（　　）。
A. 电压信号的速度和波形的重现率
B. 调整情况
C. 电压信号的速度
D. 信号的强弱

139. 当发动机曲轴中心线弯曲大于（　　）mm 时，必须加以校正。
A. 0.05　　B. 0.10　　C. 0.15　　D. 0.20

140. 下列说法中不正确的是（　　）。
A. 汽车轮胎气压偏低会增加油耗　　B. 汽车轮胎的形式和规格影响油耗
C. 要充分利用汽车滑行性能节油　　D. 尽可能用汽车中间挡行驶

141. 发动机连杆衬套与连杆小端的配合应有（　　）mm 的过盈量。
A. 0.050～0.10　　B. 0.10～0.15
C. 0.10～0.20　　D. 0.20～0.25

142. 正常情况下发动机氧传感器 10 s 内电压变化不应少于（　　）次。
A. 2　　B. 5　　C. 8　　D. 10

143. 汽车修理挤压强化用于（　　）的加工。
A. 曲轴曲柄圆角　　B. 内孔
C. 气门　　D. 连杆

144. 下面关于安全用电的叙述中，正确的是（　　）。
A. 用铜丝代替保险丝
B. 电气设备运行时维修
C. 用水冲洗电气设备
D. 电气装置由专业电工进行安装或修理

145. 下列选项中，属于遇湿易燃的物品是（　　）。
A. 硫黄　　B. 白磷　　C. 碳化钙　　D. 烧碱

146. 触电急救时，急救不能中断（　　）。
A. 5 min　　B. 2 min　　C. 30 s　　D. 15 s

147. 与化油器发动机相比，电控汽油喷射发动机的优点是（　　）。
A. 动力性好　　B. 经济性好
C. 排放性好　　D. 以上都正确

148. 电控汽油喷射发动机的空气阀的作用是（　　）。
A. 低温时增加进气量　　B. 自动调整怠速

C. 进气预热　　D. 控制排放

149. 电控汽油喷射发动机喷油器喷油量由（　　）决定。

A. 喷油时间　　B. 进气管真空

C. 系统油压　　D. 驱动电压或电流

150. 本田车系 ABS 采用的是（　　）制动力调节器。

A. 液压调节可变容积式　　B. 电机调节可变容积式

C. 循环式　　D. 定容式

151. 目前，多数自动变速器有（　　）个前进挡。

A. 2　　B. 3　　C. 4　　D. 5

152. 液力变矩器中改变转矩输出的元件为（　　）。

A. 涡轮　　B. 泵轮

C. 导轮　　D. 锁止离合器压盘

153. 一般自动变速器离合器的自由间隙为（　　）mm。

A. 0.5～1.0　　B. 0.5～2.0

C. 2.0～2.5　　D. 2.5～3.0

154. 轿车加热系统一般采用（　　）加热。

A. 电热线　　B. 排气管

C. 冷却水　　D. 排气管或冷却水

155. 多数汽车空调冷凝器安装在（　　）。

A. 汽车散热器前方　　B. 汽车散热器后方

C. 仪表板下　　D. 车厢内某个位置

156. 汽车空调储液干燥器的功用是（　　）。

A. 防止系统中水分与制冷剂发生化学作用。

B. 防止膨胀阀处结冰和堵塞

C. 随时向系统补充制冷剂

D. 以上答案全对

157. 汽车空调高压侧低压保护（　　）。

A. 采用高压开关　　B. 装在低压侧

C. 限制高压的最低值　　D. 对压缩机无保护作用

158. 汽车 SRS 气体发生剂引燃后产生大量的（　　）。

A. NO_2　　B. N_2　　C. O_2　　D. CO_2

159. CCS 为汽车上（　　）的英文缩写。

A. 巡航控制系统　　B. 导航控制系统

C. 牵引力控制系统　　D. 空调控制系统

160. 发动机可变气门正时和气门升程电子控制简称（　　）。

A. VTEC　　B. VVEC　　C. VDEC　　D. VTES

得分	
评分人	

二、判断题（将判断结果填入括号中。正确的填“√”，错误的填“×”。每题0.5分，满分20分）

（　　）161. 职业道德是指从事一定职业的人们，在长期职业活动中形成的操作技能。

（　　）162. 员工在职业交往活动中，尽力在服饰上突出个性是符合仪表端庄具体要求的。

（　　）163. 市场经济条件下，应该树立多转行多学知识多长本领的择业观念。

（　　）164. 服务也需要创新。

（　　）165. 加在负载上的电压减小一半时，则电流所做的功也将减小一半。

（　　）166. 离车式平衡机按动平衡原理工作。

（　　）167. 汽车零部件或总成拆卸时应注意各部装配标记，防止破坏。

（　　）168. 关于汽车修理卡片格式与内容，国家有统一规定。

（　　）169. 气缸体上平面的平面度误差（50 mm×50 mm）使用极限大于0.10 mm。

（　　）170. 人员少、占地小、成本低的修理厂应选择就车修理法。

（　　）171. 固定作业法适用于占地大、成本低、所需设备多的汽车修理厂。

（　　）172. 专业分工作业法适用于车辆多、车型较单一的汽车修理企业。

（　　）173. 汽车变速器磨合试验的输入轴转速一般为800～1 200 r/min，在此转速下进行无负荷和有负荷试验。

（　　）174. 奥迪自动变速器输出轴转动扭矩不符合要求，则用调整垫片厚薄来调整。

（　　）175. 定车牵引的半挂车和铰接式大客车大修送修标志按照汽车大修的标志或牵引车大修标志进厂大修。

（　　）176. 汽车车架断裂、锈蚀、扭曲弯曲变形严重应进行大修。

（　　）177. 客车车身总成大修送修的标志是车身有锈蚀。

（　　）178. 汽车底盘测功检验需在路试中进行。

（　　）179. 飞轮壳后端面对曲轴主轴承孔轴线径向跳动一般不大于0.10 mm。

（　　）180. 汽车差速器壳体轴承座孔与半轴齿轮轴颈的配合间隙一般应不大于0.15 mm。

（　　）181. 货车车架变形检验只进行裂纹、铆钉松动、变形检查即可。

（　　）182. 汽车空调冷凝器焊补要放尽制冷剂后，再用锡焊补。

（　　）183. 汽车车身涂层外观质量检查是优质的，允许有轻微划伤。

（　　）184. 汽车车身外装饰带分段接口处间隙可用直尺测量。

（　　）185. 柴油机混合气形成时间极短。

（　　）186. 车辆定期检测结果是汽车检测站纳入车辆技术管理组织的主要依据。

（　　）187. 汽车加速行驶时驱动力大于行驶阻力。

（　　）188. 汽车制动器制动力增长快于地面制动力。

（　　）189. 汽车连续制动时，制动蹄片和轮鼓摩擦系数不变。

（　　）190. 百公里油耗能用来比较不同排量发动机的燃料经济性。

（　　）191. 加注汽车转向助力油时，必须加注规定牌号的液压油。

（　　）192. 从油箱蒸发出来的汽油蒸气，被碳罐吸附后直接被吸进进气管。

（　　）193. 发动机无触点点火系统大大地提高了点火能量，次级电压高达 30 kV 以上。

（　　）194. 汽车 VIN 第十位英文字母表示生产年代。

（　　）195. 汽车电气部件都与车身直接搭铁。

（　　）196. 汽车用电维修设备接地线一般不少于两根。

（　　）197. 汽车电子控制系统一般由电控单元、传感器、执行器三部分组成。

（　　）198. 汽车 ABS 系统出现故障时，由 ECU 控制 ABS 警告灯点亮。

（　　）199. 汽车 ABS 能有效地提高汽车制动时的方向稳定性。

（　　）200. 轿车和货车的新鲜空气进口都在车头部位，这个位置属于负压区。

高级汽车修理工理论知识考试模拟试卷（三）

注意事项

1. 考试时间：120 分钟。
2. 本试卷依据 2005 年颁布的《汽车修理工·国家职业技能标准》命制。
3. 请首先按要求在试卷的标封处填写您的姓名、准考证号和所在单位的名称。
4. 请仔细阅读各种题目的回答要求，在规定的位置填写您的答案。
5. 不要在试卷上乱写乱画，不要在标封区填写无关的内容。

	一	二	总分
得分			

得分	
评分人	

一、单项选择题（下列答案中只有一个是正确的，请将正确答案的序号填在括号内。每题 0.5 分，总计 80 分）

1. 职业道德承载着企业（　　），影响深远。

A. 文化　　B. 制度　　C. 信念　　D. 规划

2. 职业意识是指（　　）。

A. 人们对职业的认识

B. 人们对理想职业的认识

C. 人们对求职择业和职业劳动的各种认识的总和

D. 人们对各行业的评价

3. （　　）的含义包括集体意识和合作能力两个方面。

A. 集体力量　　B. 行为规定　　C. 团队意识　　D. 规范意识

4. 用量缸表测量气缸时，当大指针顺时针方向离开“0”位，表示气缸直径

（　　）标准尺寸的缸径。

A. 小于　　B. 等于　　C. 大于　　D. 大于或等于

5. 正弦交流电是指电流的大小和方向按（　　）规律变化的交流电。

A. 正弦　　B. 余弦　　C. 直线　　D. 正切

6. 当加在硅二极管两端的正向电压从 0 V 开始逐渐增大时，硅二极管（　　）。

A. 立即导通　　B. 到 0.3 V 时才开始导通

C. 超过死区电压时才开始导通　　D. 不导通

7. 汽车上采用的液压传动装置以动力式为工作原理的常称（　　）。

A. 液压传动　　B. 液力传动　　C. 气体传动　　D. 液体传动

8. 液压阀是液压系统中的（　　）。

A. 动力元件　　B. 执行元件　　C. 辅助元件　　D. 控制元件

9. 传动系由（　　）等组成。

A. 离合器、变速器、冷却装置、主减速器、差速器、半轴

B. 离合器、变速器、起动装置、主减速器、差速器、半轴

C. 离合器、变速器、万向传动装置、主减速器、差速器、半轴

D. 离合器、变速器、电子控制装置、主减速器、差速器、半轴

10. 气门弹簧的作用是使气门同气门座保持（　　）。

A. 间隙　　B. 一定距离

C. 紧密闭合　　D. 一定的接触强度

11.（　　）是用电磁控制金属膜片振动而发声的装置。

A. 电磁阀　　B. 刮水器　　C. 挡风玻璃　　D. 电喇叭

12.（　　）与血红蛋白结合，造成血液输氧能力下降，导致人体缺氧。

A. 固体颗粒　　B. HC　　C. 氮氧化物　　D. CO

13. 汽油机的爆震响声，柴油机的工作粗暴声属于（　　）异响。

A. 机械　　B. 燃烧　　C. 空气动力　　D. 电磁

14. 电控发动机怠速不平稳原因有进气管真空渗漏和（　　）等。

A. 电动汽油泵不工作　　B. 曲轴位置传感器失效

C. 点火正时失准　　D. 爆震传感器失效

15. 发动机曲轴轴承异响发出的声音是（　　）声。

A. 铛铛　　B. 啪啪　　C. 嗒嗒　　D. 噗噗

16. 下列属于发动机曲轴主轴承响的原因是（　　）。

A. 连杆轴承盖的连接螺纹松动　　B. 曲轴弯曲

C. 气缸压力低　　D. 气缸压力高

17. 发动机活塞敲缸异响发出的声音是（　　）声。

A. 铛铛　　B. 啪啪　　C. 嗒嗒　　D. 噗噗

18. 发动机活塞销异响是一种（　　）的响声。

A. 无节奏　　B. 浑浊的有节奏

C. 钝哑无节奏　　D. 有节奏的“嗒嗒”

19. 若发动机气门响，其响声会随发动机转速增高而增高，温度变化和单缸断火时响声（　　）。

A. 减弱　　B. 不减弱

C. 消失　　D. 变化不明显

20. 发动机正时齿轮异响的原因是（　　）。

A. 凸轮轴和曲轴两中心线不平行　　B. 发动机进气不足

C. 点火正时失准　　D. 点火线圈温度过高

21. 在起动柴油机时排气管不排烟，这时将喷油泵放气螺钉松开，扳动手油泵，观察泵放气螺钉是否流油，若不流油或有气泡冒出，表明（　　）。

A. 低压油路有故障　　B. 高压油路有故障

C. 回油油路有故障　　D. 高、低压油路都有故障

22. 起动汽油机时，无着火征兆，检查油路，故障是（　　）。

A. 混合气浓　　B. 混合气稀　　C. 不来油　　D. 来油不畅

23. 柴油发动机起动困难现象表现为：利用起动机起动时（　　）；排气管没有烟排出。

A. 听不到爆发声　　B. 可听到不连续的爆发声

C. 发动机运转不均匀　　D. 发动机运转无力

24. 柴油机起动困难，应从喷油时刻、燃油雾化、（　　）等方面找原因。

A. 压缩终了时的气缸压力和温度　　B. 手油泵

C. 燃油输送　　D. 喷油驱动联轴器

25. 当起动车辆的时候没听到起动的声音，则说明（　　）。

A. 蓄电池电压低　　B. 发电机损坏

C. 起动机不工作　　D. 点火线圈温度过高

26. 柴油机动力不足，可在发动机运转中运用（　　），观察发动机转速变化，找出故障缸。

A. 多缸断油法　　B. 单缸断油法

C. 多缸断火法　　D. 单缸断火法

27. 发动机加速发闷，转速不易提高的原因是（　　）。

A. 火花塞间隙不符合标准　　B. 少数缸不工作

C. 空气滤清器堵塞　　D. 排气系统阻塞

28. 柴油发动机燃油油耗超标的原因是（　　）。
A. 配气相位失准　　B. 气缸压力低
C. 喷油器调整不当　　D. 机油变质
29. 发动机机油油耗超标的原因是（　　）。
A. 机油黏度过大　　B. 润滑油道堵塞
C. 润滑油漏损　　D. 机油压力表或传感器有故障
30. 若汽油机燃料消耗量过大，则检查（　　）。
A. 进气管漏气　　B. 空气滤清器是否堵塞
C. 燃油泵故障　　D. 油压是否过大
31. 若发动机过热，且上水管与下水管温差甚大，可判断（　　）不工作。
A. 水泵　　B. 节温器　　C. 风扇　　D. 散热器
32. 电控发动机不能起动或不着车的原因是（　　）。
A. 点火正时失准　　B. 线路接触不良
C. 喷油器漏油　　D. 进气管真空渗漏
33. 电控发动机诊断的基本方法有（　　）。
A. 水淋法　　B. 随车故障自诊断
C. 振动法　　D. 加热法
34. 若电控发动机怠速不稳首先应检查（　　）。
A. 故障诊断系统　　B. 燃油压力
C. 喷油器　　D. 火花塞
35. 电控发动机运转不稳故障原因有（　　）。
A. 进气压力传感器失效　　B. 曲轴位置传感器失效
C. 凸轮轴位置传感器失效　　D. 氧传感器失效
36. 电控发动机加速无力故障现象是（　　）。
A. 发动机怠速不平稳，且易熄火　　B. 加速时发动机消声器有“放炮”声
C. 发动机工作时好时坏　　D. 车辆行驶中加速无力燃油消耗量过大
37. 偶发故障，可以模拟故障征兆来判断（　　）部位。
A. 工作　　B. 故障
C. 工作、故障均对　　D. 工作、故障均不正确
38. 电控发动机故障诊断原则，包括（　　）。
A. 先生后熟　　B. 先熟后生
C. 先内后外　　D. 先行后思
39. 离合器盖与压盘连接松旷会导致（　　）。
A. 万向传动装置异响　　B. 离合器异响

C. 手动变速器异响　　D. 驱动桥异响

40. 诊断与排除底盘异响需要准备（　　）。

A. 一台无故障的汽车　　B. 一台有故障的汽车

C. 故障诊断仪　　D. 解码仪

41. 行驶中对油门和车速变换，如出现“卡啦、卡啦”的撞击声，一般是（　　）原因。

A. 一般是滚针折断、碎裂或丢失

B. 多半是轴承磨损松旷或缺油

C. 说明传动轴万向节叉等速排列破坏

D. 多为中间支承轴承内圈过盈配合松旷

42. 发动机怠速运转时，踏下离合器踏板少许，若此时发响，则为（　　）。

A. 分离套筒缺油或损坏　　B. 分离轴承缺油或损坏

C. 踏板自由行程过小　　D. 踏板自由行程过大

43. 变速器直接挡工作无异响，其他挡位均有异响，说明（　　）。

A. 齿轮啮合不良或损坏　　B. 第二轴后轴承松旷或损坏

C. 齿轮间隙过小引起的　　D. 第二轴前轴承损坏

44. 在读取故障代码之前，应先（　　）。

A. 检查汽车蓄电池电压是否正常

B. 打开点火开关，将它置于 ON 位置，但不要起动发动机

C. 按下超速挡开关，使之置于 ON 位置

D. 根据自动变速器故障警告灯的闪亮规律读出故障代码

45. （　　）会使前轮外倾发生变化，造成轮胎单边磨损。

A. 纵横拉杆或转向机构松旷

B. 钢板弹簧 U 形螺栓松旷

C. 轮毂轴承松旷或转向节与主销松旷

D. 前钢板吊耳销和衬套磨损

46. 下列属于前轮摆振现象的是（　　）。

A. 轮胎胎面磨损不均匀，胎冠两肩磨损，胎壁擦伤

B. 汽车行驶时，有时出现两前轮各自围绕主销进行角振动的现象

C. 胎冠由外侧向里侧呈锯齿状磨损，胎冠呈波浪状磨损，胎冠呈碟边状磨损

D. 胎冠中部磨损，胎冠外侧或内侧单边磨损

47. 下列不属于前轮摆振故障产生的原因的是（　　）。

A. 直拉杆臂与转向节臂的连接松旷

B. 前轮轴承间隙过大，轮毂轴承磨损松旷

C. 后轮动不平衡

D. 前钢板弹簧U形螺栓松动或钢板销与衬套配合松动

48. 轮胎的胎面，如发现胎面中部磨损严重，则为（　）所致。

A. 轮胎气压过高

B. 各部松旷、变形、使用不当或轮胎质量不佳

C. 前轮外倾过小

D. 轮胎气压过低

49. 为保持轮胎缓和路面冲击的能力，给轮胎的充气标准可（　　）最高气压。

A. 略低于　　B. 略高于　　C. 等于　　D. 高于

50. 双手左右抓住方向盘，沿转向轴轴线方向做上下拉压动作，如果感到有明显的松旷量，则故障在（　）。

A. 转向器内主从动部分啮合部位松旷或垂臂轴承松旷

B. 方向盘与转向轴之间松旷

C. 转向器主动部分轴承松旷

D. 转向器在车架上的固定不好

51. 下列哪种现象不属于制动跑偏的现象（　　）。

A. 制动突然跑偏　　B. 向右转向时制动跑偏

C. 有规律的单向跑偏　　D. 无规律的忽左忽右的跑偏

52. 下列制动跑偏的原因中不包括（　　）。

A. 制动踏板损坏

B. 有一侧钢板弹簧错位或折断

C. 转向桥或车架变形，左右轴距相差过大

D. 两侧主销后倾角或车轮外倾角不等，前束不符合要求

53. 下列哪种现象属于制动拖滞（　　）。

A. 汽车行驶时，有时出现两前轮各自围绕主销进行角振动的现象，即前轮摆振

B. 轮胎胎面磨损不均匀，胎冠两肩磨损，胎壁擦伤，胎冠中部磨损

C. 驾驶员必须紧握方向盘方能保证直线行驶，若稍微放松方向盘，汽车便自行跑向一边

D. 踏下制动踏板感到高而硬，踏不下去。汽车起步困难，行驶无力。当松抬加速踏板踏下离合器时，尚有制动感觉

54. 制动蹄与制动蹄轴锈蚀，使制动蹄转动复位困难会导致（　　）。

A. 制动失效　　B. 制动跑偏　　C. 制动抱死　　D. 制动拖滞

55. 下列属于制动防抱死装置失效现象的是（　　）。

A. 汽车行驶时，有时出现两前轮各自围绕主销进行角振动的现象，即前轮摆振

B. 防抱死控制系统的警告灯持续点亮，感觉防抱死控制系统工作不正常

C. 驾驶员必须紧握方向盘方能保证直线行驶，若稍微放松方向盘，汽车便自行跑向一边

D. 踏下制动踏板感到高而硬，踏不下去。汽车起步困难，行驶无力。当松抬加速踏板踏下离合器时，尚有制动感觉

56. 就一般防抱死刹车系统而言，下列叙述正确的是（　　）。

A. 紧急刹车时，可避免车轮抱死而造成方向失控或不稳定现象

B. ABS 故障时，刹车系统将会完全丧失制动力

C. ABS 故障时，方向盘的转向力量将会加重

D. 可提高行车舒适性

57. 在诊断与排除汽车制动故障的操作准备前应准备一辆（　　）汽车。

A. 待排除的有传动系故障的　　B. 待排除的有制动系故障的

C. 待排除的有转向系故障的　　D. 待排除的有行驶系故障的

58. 出现制动跑偏故障，如果轮胎气压一致，用手触摸跑偏一边的制动鼓和轮毂轴承过热，应（　　）。

A. 检查左右轴距是否相等

B. 检查前束是否符合要求

C. 两侧主销后倾角或车轮外倾角是否不等

D. 调整制动间隙或轮毂轴承

59. 若制动拖滞故障在制动主缸，应先检查（　　）。

A. 踏板自由行程是否过小

B. 制动踏板复位弹簧弹力是否不足

C. 踏板轴及连杆机构的润滑情况是否良好

D. 回油情况

60. 排除制动防抱死装置失效故障后应该（　　）。

A. 检验驻车制动是否完全释放　　B. 清除故障代码

C. 进行路试　　D. 检查制动液液面是否在规定的范围内

61. 一般 ABS 自诊断连接器在（　　）。

A. 电脑旁边　　B. 方向盘左侧

C. 方向盘右侧　　D. 方向盘下侧

62. 前照灯近光灯丝损坏，会造成前照灯（　　）。

A. 全不亮　　B. 一侧不亮　　C. 无近光　　D. 无远光

63. 用试灯测量照明灯线路某点，灯亮，说明此点前方的线路（　　）。

A. 断路　　B. 短路　　C. 正常　　D. 击穿

64. 用万用表检测照明灯线路某点，无电压显示。说明此点前方的线路（　　）。

A. 断路　　B. 短路

C. 搭铁　　D. 接触电阻较大

65. 用万用表检测照明灯线路某点，若显示正常电压，说明该点前方的线路（　　）。

A. 断路　　B. 短路　　C. 搭铁　　D. 良好

66. 若闪光器电源接柱上的电压为 0 V，说明（　　）。

A. 供电线断路　　B. 转向开关损坏

C. 闪光器损坏　　D. 灯泡损坏

67. 若左侧转向灯总功率大于右侧转向灯总功率，则（　　）。

A. 左侧闪光频率快　　B. 右侧闪光频率快

C. 左右测闪光频率相同　　D. 会使闪光器损坏

68. 鼓风机不转会造成（　　）。

A. 不制冷　　B. 冷气量不足

C. 系统太冷　　D. 噪声大

69. 空调系统外面空气管道打开，会造成（　　）。

A. 无冷气产生　　B. 系统太冷

C. 间断制冷　　D. 冷空气量不足

70. 离合器线圈短路或烧毁，会造成（　　）。

A. 冷气不足　　B. 间歇制冷　　C. 过热　　D. 不制冷

71. 空调系统吹风电动机松动或磨损会造成（　　）。

A. 系统噪声大　　B. 系统太冷

C. 间断制冷　　D. 无冷气产生

72. 膨胀阀卡住在开启最大位置，会导致（　　）。

A. 冷气不足　　B. 系统太冷

C. 无冷气产生　　D. 间断制冷

73. 蒸发器控制阀损坏或调节不当，会造成（　　）。

A. 冷空气不足　　B. 系统太冷

C. 系统噪声大　　D. 操纵失灵

74. 恒温器调整的断开温度过低，会造成（　　）。

A. 冷气不足　　B. 无冷气产生

C. 间断制冷　　D. 系统太冷

75. 制冷系统高压侧压力过高，并且膨胀阀发出噪声，说明（　　）。

A. 系统中有空气　　B. 系统中有水汽

C. 制冷剂不足　　D. 干燥罐堵塞

76. 冷却水管堵塞，会造成（　）。

A. 不供暖　　B. 冷气不足　　C. 不制冷　　D. 系统太冷

77. 打开鼓风机开关，鼓风机不运转，可能线路上存在（　　）。

A. 断路　　B. 短路　　C. 搭铁　　D. 击穿

78. 下列现象不会造成空调系统漏水的是（　）。

A. 加热器管损坏　　B. 热水开关关不死

C. 冷凝器损坏　　D. 软管老化

79. 下列现象不会造成除霜热风不足的是（　　）。

A. 除霜风门调整不当　　B. 出风口堵塞

C. 供暖不足　　D. 压缩机损坏

80. 发动机曲轴冷压校正后，再进行时效热处理，其加热温度是（　）℃。

A. 100～200　　B. 200～300　　C. 600～700　　D. 300～500

81. 凸轮轴轴向间隙的允许极限为（　　）mm。

A. 0.10　　B. 0.15　　C. 0.025　　D. 0.015

82. 检验发动机气缸盖和气缸体裂纹，可用压缩空气。空气压力为（　　）kPa，保持 5 min，并且无泄漏。

A. 294～392　　B. 192～294　　C. 392～490　　D. 353～441

83. 对于铸铁或铝合金气缸体所出现的裂纹、砂眼最好用（　　）修复。

A. 粘接法　　B. 磨削法　　C. 焊修法　　D. 堵漏法

84. 用气缸压力表测试气缸压力前，应使发动机运转至（　　）。

A. 怠速状态　　B. 正常工作温度

C. 正常工作状况　　D. 大负荷工况状态

85. 发动机无外载测功仪测得的发动机功率为（　）。

A. 额定功率　　B. 总功率

C. 净功率　　D. 机械损失功率

86. 使用国产 EA—2000 型发动机综合分析仪时，当系统对各适配器逐个自检，若连接正确显示为（　　）色。

A. 红　　B. 绿　　C. 黄　　D. 蓝

87. 不分光红外线气体分析仪，对（　　）气体浓度进行连续测量。

A. HC　　B. CO_2　　C. NO_X　　D. NO_2

88. 使用 FLUKE 98 型汽车示波器测试有分电器点火系统次级电压波形时，信号拾取器夹在（　　）缸的火花塞引线上。

A. 1　　B. 2　　C. 3　　D. 4

89. 下列（　　）属于发动机电子控制系统利用仪器诊断最准确的方法。

A. 读取数据流　　B. 读取故障码

C. 经验诊断　　D. 自诊断

90. 下列（　　）是发动机电子控制系统正确诊断的步骤。

A. 静态模式读取和清除故障码—症状模拟—症状确认—动态故障代码检查

B. 静态模式读取和清除故障码—症状模拟—动态故障代码检查—症状确认

C. 症状模拟—静态模式读取和清除故障码—动态故障代码检查—症状确认

D. 静态模式读取和清除故障码—症状确认—症状模拟—动态故障代码检查

91. 发动机转速升高，供油提前角应（　　）。

A. 变小　　B. 变大　　C. 不变　　D. 随机变化

92. 用数字万用表的（　　）可检查点火线圈是否有故障。

A. 欧姆挡　　B. 电压挡　　C. 千欧挡　　D. 兆欧挡

93. 检测电控燃油喷射系统燃油压力时，应将油压表接在供油管和（　　）之间。

A. 燃油泵　　B. 燃油滤清器

C. 分配油管　　D. 喷油器

94. 发动机连杆的修理技术标准为连杆在 100 mm 长度上弯曲值应不大于（　　）mm。

A. 0. 01　　B. 0. 03　　C. 0. 5　　D. 0. 8

95. 发动机气缸的修复方法可用（　　）。

A. 电镀　　B. 喷涂

C. 修理尺寸法　　D. 铰削法

96. 桑塔纳 2000GLi 型轿车 AFE 型发动机的机油泵主动轴弯曲度超过（　　）mm，则应对其进行校正或更换。

A. 0. 10　　B. 0. 20　　C. 0. 05　　D. 0. 30

97. 蜗杆轴承与壳体配合的最大间隙应该（　　）原设计规定 0. 02 mm。

A. 小于　　B. 大于　　C. 等于　　D. 取规定值

98. 安装 AJR 型发动机活塞环时，其开口应错开（　　）。

A. 90°　　B. 100°　　C. 120°　　D. 180°

99. 德国的奔驰轿车调整气门间隙时应采用（　　）。

A. 两次调整法　　B. 逐缸调整法

C. 垫片调整法　　D. 不用调整

100. 检验气门密封性，常用且简单可行的方法是用（　　）。

A. 水压　　　　　　　　　　B. 煤油或汽油渗透

C. 口吸　　　　　　　　　　D. 仪器

101. 根据《汽车发动机缸体与气缸盖修理技术条件》的技术要求，气缸体上平面 50 mm×50 mm 测量范围内平面度误差应不大于（　）mm。

A. 0.01　　B. 0.04　　C. 0.05　　D. 0.10

102. 用连杆检验仪检验连杆变形时，如果一个下测点与平板接触，但上测点与平板的间隙不等于另一个下测点与平板间隙的 1/2，表明连杆发生（　）。

A. 无变形　　B. 弯曲变形　　C. 扭曲变形　　D. 弯扭变形

103. 奥迪 A6 发动机曲轴径向间隙可用（　）进行检测。

A. 百分表　　B. 千分尺　　C. 游标卡尺　　D. 塑料塞尺

104. 检测凸轮轴轴向间隙的工具是（　）。

A. 百分表　　　　　　　　　B. 外径千分尺

C. 游标卡尺　　　　　　　　D. 塑料塞尺

105. 对于二冲程发动机，气缸完成一个工作循环活塞往复运动（　）个行程。

A. 1　　B. 2　　C. 3　　D. 4

106. 用非分散型红外线气体分析仪检测汽油车废气时，应在发动机（　）工况检测。

A. 起动　　B. 中等负荷　　C. 怠速　　D. 加速

107. 变速器壳体上平面长度不大于（　）mm。

A. 100　　B. 150　　C. 250　　D. 300

108. 变速器壳上平面的翘曲变形，可在平板上用（　）检查。

A. 内径千分尺　　　　　　　B. 百分表

C. 高度游标卡尺　　　　　　D. 塞尺

109. 输出轴变形的修复应采用（　）。

A. 热压校正　　　　　　　　B. 冷法校正

C. 高压校正　　　　　　　　D. 高温后校正

110. 驱动桥油封轴颈的径向磨损不大于（　）mm，油封轴颈端面磨损后，轴颈位的长度应大于油封的厚度。

A. 0.15　　B. 0.20　　C. 0.25　　D. 0.30

111. 编制差速器壳的技术检验工艺卡，技术检验工艺卡首先应该进行（　）。

A. 裂纹的检验，差速器壳应无裂损

B. 差速器轴承与壳体及轴颈的配合的检验

C. 差速器壳承孔与半轴齿轮轴颈的配合间隙的检验

D. 差速器壳连接螺栓拧紧力矩的检验

112. 差速器壳承孔与半轴齿轮轴颈的配合间隙为（　　）mm。

A. 0.05～0.15　　B. 0.05～0.25

C. 0.15～0.25　　D. 0.25～0.35

113. 安装三挡、四挡拨叉轴的小止动块，拧紧输出轴螺母，再将换挡叉轴置于（　　）位置。

A. 一挡　　B. 二挡　　C. 空挡　　D. 倒挡

114. 由计算机控制的变矩器，应将其电线接头插接到（　　）上。

A. 变速驱动桥　　B. 发动机

C. 蓄电池负极　　D. 车速表小齿轮表

115. 转向器补偿器压盖和油压分配阀罩的螺栓拧紧力矩为（　　）N·m。

A. 10　　B. 15　　C. 20　　D. 30

116. 安装盘式制动器后，（　　）用力将制动器踏板踩到底数次，以便使制动摩擦片正确就位。

A. 停车状态　　B. 起动状态　　C. 怠速状态　　D. 行驶状态

117. 在做车轮动平衡检测时，其主轴振幅的大小，在一定转速下，只与（　　）。

A. 车轮不平衡质量大小成正比　　B. 车轮不平衡质量大小成反比

C. 车轮质量成正比　　D. 车轮质量成反比

118. 若制动蹄变形、裂纹或不均匀磨损，则应（　　）。

A. 继续使用　　B. 更换新品

C. 修复后使用　　D. 换到其他车上继续使用

119. 变速器输出轴（　　）拧紧力矩为100 N·M。

A. 螺钉　　B. 螺母　　C. 螺栓　　D. 任意轴

120. 转向系大修技术检验规范包括（　　）。

A. 螺杆有损坏　　B. 螺杆无损坏

C. 螺母有损坏　　D. 以上均正确

121. 自动变速器中间轴端隙用（　　）测量。

A. 游标卡尺　　B. 螺旋测微器

C. 百分表　　D. 以上均正确

122. 拆卸制动鼓，必须用（　　）。

A. 梅花扳手　　B. 专用扳手

C. 常用工具　　D. 以上均正确

123. 制动踏板自由行程大于规定值，应该（　　）。

A. 调整　　B. 调大

C. 继续使用　　D. 以上均正确

124. 活塞环磨损严重，应该（　）。

A. 更换新件　　B. 修复

C. 继续使用　　D. 以上均正确

125. 用百分表检查从动盘的摆差，其最大极限为 0.4 mm，从外缘测量径向跳动量最大为（　）mm，超过极限值，应更换从动盘总成。

A. 2.5　　B. 3.5　　C. 4.0　　D. 4.5

126. 用内径表及外径千分尺进行测量，轮毂外轴承与轴颈的配合间隙应不大于（　）mm。

A. 0.020　　B. 0.040　　C. 0.060　　D. 0.080

127. 变速器输入轴前端花键齿磨损应不大于（　）mm。

A. 0.10　　B. 0.20　　C. 0.30　　D. 0.60

128. 分动器里程表软轴的弯曲半径不得小于（　）mm。

A. 50　　B. 150　　C. 100　　D. 200

129. 半轴套管中间两轴颈径向跳动不得大于（　）mm。

A. 0.03　　B. 0.05　　C. 0.08　　D. 0.5

130. 万向节出现转动卡滞现象，应（　）。

A. 只需更换万向节　　B. 更换万向节总成

C. 更换钢球　　D. 更换球笼壳

131. 手动变速器总成竣工验收时，进行无负荷和有负荷试验，第一轴转速为（　）r/min。

A. 500～800　　B. 800～1 000

C. 1 000～1 400　　D. 1 400～1 800

132. 汽车车身一般包括车前、车底、侧围、顶盖和（　）等部件。

A. 车后　　B. 后围　　C. 车顶　　D. 前围

133. 对于安装完毕的转向桥的转向节一般用（　）检查，看其是否转动灵活。

A. 手　　B. 弹簧拉动　　C. 眼睛观察　　D. 扳手

134. 下列属于驱动桥装配验收的项目有（　）。

A. 检查转向盘的自由行程　　B. 调整前轮前束

C. 调整最大转向角　　D. 装复车轮制动器

135. 汽车转向轮侧滑量的检测方法是，将车辆对正侧滑试验台，并使转向盘处于（　）位置。

A. 左极限　　B. 右极限　　C. 正中间　　D. 自由

136. 冬季气温高于－20℃地区，蓄电池充电时电解液密度为（　）g/cm^3。

A. 1.31　　B. 1.29　　C. 1.27　　D. 1.24

137. 计算出电池容量与数量使之符合自己的使用要求，这是免维护电池的（　　）原则。

A. 安全选择　　B. 性价比选择

C. 按需选择　　D. 按适应性选择

138. 密度计是用来检测蓄电池（　　）的器具。

A. 电解液密度　　B. 电压

C. 容量　　D. 输出电流

139. 转子绕组好坏的判断，可以通过测量发电机（　　）接柱间的电阻来确定。

A. “F”与“E”　　B. “B”与“E”

C. “B”与“F”　　D. “N”与“F”

140. 用万用表电阻最大挡检测定子绕组接线端与定子铁芯之间的电阻应为无穷大，否则说明有（　　）故障。

A. 断路　　B. 短路　　C. 搭铁　　D. 击穿

141. 发电机就车测试时，起动发动机，使发动机保持在（　　）r/min 运转。

A. 800　　B. 1 000

C. 1 500　　D. 2 000

142. 检测调节器所用的电源应为（　　）。

A. 12 V 直流电源　　B. 12 V 交流电源

C. 可调直流电源　　D. 可调交流电源

143. 动态检测方法可以检测出调节器的（　　）。

A. 调节电流　　B. 调节电压　　C. 电阻　　D. 电容

144. GST—3U 型万能试验台，主轴转速为（　　）r/min。

A. 800　　B. 1 000

C. 3 000　　D. 2 000～2 500

145. QD124 型起动机，空转试验电压 12 V 时，起动机转速不低于（　　）r/min。

A. 3 000　　B. 4 000

C. 5 000　　D. 6 000

146. 检测起动机电枢轴轴颈外径与衬套内径的配合间隙，应使用（　　）。

A. 万用表　　B. 游标卡尺　　C. 百分表　　D. 塞尺

147. 用万用表测量起动机换向器和铁芯之间的电阻，应为（　　），否则说明电枢绕组存在搭铁故障。

A. 0 Ω　　B. 无穷大　　C. 100 Ω　　D. 1 000 Ω

148. 起动系线路（　　）应不大于 0.2 V。

A. 电压　　B. 电压降　　C. 电动势　　D. 电阻

149. 桑塔纳起动系，蓄电池“+”接柱与起动机的（　　）接柱相连。

A. 150　　B. 31　　C. 30　　D. 50

150. 起动系线路检测程序可分为（　　），依次选择各个节点进行。

A. 从后向前　　B. 从前向后

C. 从中间向前向后　　D. 以上都可以

151. 汽车空调的主要功能是调节空气的（　　）。

A. 温度　　B. 湿度　　C. 洁净度　　D. 流速

152. 向车内提供新鲜空气和保持适宜气流的装置是（　　）。

A. 制冷装置　　B. 采暖装置　　C. 送风装置　　D. 净化装置

153. 气暖式加热系统属于（　　）。

A. 独立热源加热式　　B. 冷却水加热式

C. 余热加热式　　D. 火焰加热式

154. 检修空调所使用的压力表歧管总成一共（　　）块压力表。

A. 1　　B. 2　　C. 3　　D. 4

155. 风量、温度、压力和清洁度是空调系统的（　　）参数。

A. 质量　　B. 寿命　　C. 功能　　D. 诊断

156. 开启罐装制冷剂，所使用的工具是（　　）。

A. 旋具　　B. 扳手　　C. 开启阀　　D. 棘轮扳手

157. 用厚薄规检查电磁离合器四周的空气间隙，应在（　　）mm 范围内。

A. 0.1～0.5　　B. 0.2～0.8

C. 0.4～0.8　　D. 0.6～1

158. 加压检漏法是先向制冷剂装置内充入（　　）的高压气体，然后再找出泄漏点。

A. 1～2 kPa　　B. 1～2 MPa

C. 3～4 kPa　　D. 3～4 MPa

159. 氟利昂 R12 是（　　）的气体。

A. 有颜色、无气味　　B. 有颜色、有气味

C. 有气味、无颜色　　D. 无颜色、无气味

160. 制冷装置在拆卸调换部件时，在充注制冷剂之前必须（　　）。

A. 清洗　　B. 加压　　C. 抽空　　D. 加油

得分	
评分人	

二、判断题（将判断结果填入括号中。正确的填“√”，错误的填“×”。每题0.5分，满分20分）

（　　）161. 职业道德兼有强烈的纪律性。

（　　）162. 职业道德的基本职能是调节职能。

（　　）163. 职业道德评价不同于一般的道德评价，它就有鲜明的职业特点。

（　　）164. 职业意识是指人们对职业岗位的认识、评价、情感和同情等心理成分的综合反映，是支配和调控全部职业行为和职业活动的调节器，包括创新意识、竞争意识、协作意识和奉献意识等方面。

（　　）165. 如果公司的规章制度齐全，员工不需要严于律己。

（　　）166. 平等就业是指在劳动就业中实行男女平等、民族平等的原则。

（　　）167. 劳动纠纷是指劳动关系双方当事人在执行劳动法律、法规或履行劳动合同的过程中持不同的主张和要求而产生的争执。

（　　）168. 工件旋转时，可以用千分尺测量尺寸大小。

（　　）169. 零件图由一组图形、完整的尺寸、技术要求和标题栏四部分组成。

（　　）170. 润滑脂的使用性能主要有黏度、低温性能、高温性能和抗水性等。

（　　）171. 液压缸按结构组成可以分为缸体组件、曲轴组件、密封装置、缓冲装置和排气装置五个部分。

（　　）172. 活塞环拆装钳是一种专门用于拆装气门弹簧的工具。

（　　）173. 汽车防盗装置的分类有按键式、电子钥匙式等类型。

（　　）174. 在车底下工作时，不要直接躺在地上，应尽量使用卧板。

（　　）175. 在全面质量管理中，质量这个概念和全部管理目标的实现有关。

（　　）176. 维修质量指标一般用合格率表示。

（　　）177.《合同法》规定，当事人订立合同，应当具有相应的民事权利能力和民事行为能力。

（　　）178. 全面质量管理概念最早是由美国质量管理专家提出的。

（　　）179. 对于任何发动机不能起动这类故障的诊断，首先应检测的是电动燃油泵。

（　　）180. 若发动机机油油耗超标，则检查润滑油道是否堵塞。

（　　）181. 柴油机排放的三大有害气体是：CO、HC、NO_X。

（　　）182. 如果冷车时尾气不合格，而热车时合格了，说明三元催化转换器没故障。

（ ）183. 点火过迟易使发动机产生爆震。

（ ）184. 电控系统接触不良，不能导致发动机工作不稳。

（ ）185. 汽车起步时，车身发抖并能听到“咔啦、咔啦”的撞击声，且在车速变化时响声更加明显。车辆在高速挡用小油门行驶时，响声增强，抖动更严重。其原因可能是万向传动装置故障。

（ ）186. 变速器壳体变形会导致变速器工作时发出不均匀的碰击声。

（ ）187. 严格遵守充气标准是防止轮胎早期磨损、达到最高使用寿命的基本条件。

（ ）188. 提高转向系刚度不可能提高抵抗前轮摆头的能力。

（ ）189. 读解故障代码，只能用解码器直接读取，不可以通过警告灯读取故障代码。

（ ）190. 导致汽车灯光系统出现故障的主要原因有导线松动、接触不良、短路、断路等。

（ ）191. 若左转向灯搭铁不良，则右转向工作也不正常。

（ ）192. 在进行发动机曲轴弯曲变形检验时，应将百分表触头垂直地触及其中间一道主轴颈上。

（ ）193. 气缸盖最容易产生裂纹的部位是进、排气门口间的隔梁处。

（ ）194. 安装气缸垫时，应使有“OPEN TOP”标记的一面朝向气缸盖。

（ ）195. 制动性能台试检验的技术要求中，对于机动车制动完全释放时间对单车不得大于 0.2 s。

（ ）196. 干荷蓄电池初次使用，需要初充电。

（ ）197. 所有发电机 B 与 E 间的电阻值都应大于 10 kΩ。

（ ）198. 某只晶体管调节器 F 与 E 接柱之间的电阻为 0 Ω。

（ ）199. 接通起动机电路，起动机应运转均匀，无碰擦，且电刷无强烈的火花产生。

（ ）200. 试验起动系线路时，应防止检测短路。

高级汽车修理工理论知识考试模拟试卷参考答案（一）

一、单项选择题

1. A	2. D	3. C	4. B	5. D	6. D	7. D	8. A
9. C	10. A	11. D	12. D	13. A	14. A	15. A	16. D
17. C	18. C	19. B	20. C	21. A	22. B	23. C	24. A
25. D	26. B	27. A	28. C	29. A	30. B	31. D	32. C
33. B	34. A	35. C	36. A	37. C	38. B	39. B	40. C
41. D	42. A	43. C	44. A	45. B	46. D	47. B	48. D
49. A	50. D	51. C	52. D	53. A	54. C	55. A	56. B
57. B	58. A	59. A	60. C	61. B	62. D	63. D	64. D
65. A	66. B	67. D	68. A	69. B	70. C	71. C	72. A
73. C	74. A	75. D	76. A	77. A	78. B	79. A	80. D
81. D	82. D	83. C	84. A	85. D	86. A	87. B	88. B
89. B	90. C	91. B	92. B	93. A	94. B	95. B	96. A
97. B	98. B	99. A	100. D	101. A	102. C	103. B	104. B
105. B	106. A	107. C	108. C	109. C	110. B	111. A	112. B
113. A	114. B	115. B	116. A	117. B	118. A	119. C	120. B
121. C	122. D	123. A	124. B	125. D	126. B	127. B	128. A
129. A	130. B	131. C	132. B	133. C	134. D	135. D	136. C
137. C	138. B	139. D	140. C	141. A	142. A	143. B	144. D
145. C	146. A	147. B	148. C	149. C	150. B	151. A	152. B
153. A	154. B	155. B	156. B	157. C	158. A	159. D	160. D

二、判断题

161. √	162. ×	163. ×	164. ×	165. √	166. ×	167. √	168. ×
169. ×	170. ×	171. √	172. √	173. √	174. ×	175. √	176. ×
177. √	178. √	179. ×	180. ×	181. ×	182. ×	183. √	184. ×
185. ×	186. √	187. ×	188. ×	189. √	190. √	191. ×	192. √
193. ×	194. √	195. ×	196. √	197. √	198. √	199. √	200. √

高级汽车修理工理论知识考试模拟试卷参考答案（二）

一、单项选择题

1. B	2. D	3. D	4. D	5. A	6. A	7. B	8. C
9. C	10. D	11. B	12. B	13. B	14. B	15. B	16. B
17. B	18. C	19. D	20. A	21. A	22. B	23. C	24. C
25. A	26. C	27. B	28. B	29. D	30. C	31. A	32. A
33. C	34. A	35. A	36. C	37. C	38. A	39. B	40. A
41. D	42. A	43. B	44. A	45. C	46. D	47. D	48. A
49. B	50. A	51. B	52. A	53. B	54. A	55. B	56. D
57. B	58. A	59. D	60. B	61. A	62. A	63. A	64. C
65. D	66. B	67. C	68. D	69. B	70. A	71. A	72. C
73. A	74. C	75. A	76. A	77. C	78. A	79. A	80. A
81. A	82. A	83. C	84. A	85. A	86. A	87. A	88. A
89. A	90. C	91. C	92. C	93. C	94. A	95. B	96. B
97. D	98. D	99. A	100. D	101. B	102. C	103. B	104. C
105. C	106. A	107. A	108. A	109. A	110. B	111. C	112. A
113. B	114. C	115. B	116. A	117. A	118. A	119. A	120. C
121. D	122. A	123. B	124. B	125. A	126. B	127. D	128. B
129. A	130. A	131. A	132. D	133. B	134. C	135. A	136. B
137. D	138. A	139. B	140. D	141. C	142. D	143. B	144. D
145. C	146. C	147. D	148. A	149. A	150. A	151. C	152. C
153. B	154. C	155. A	156. D	157. C	158. B	159. A	160. A

二、判断题

161. ×	162. ×	163. ×	164. √	165. ×	166. √	167. √	168. ×
169. ×	170. √	171. ×	172. √	173. ×	174. √	175. ×	176. √
177. ×	178. ×	179. √	180. ×	181. ×	182. ×	183. √	184. ×
185. √	186. √	187. √	188. ×	189. ×	190. ×	191. √	192. ×
193. √	194. √	195. ×	196. √	197. √	198. √	199. √	200. ×

高级汽车修理工理论知识考试模拟试卷参考答案（三）

一、单项选择题

1. A	2. C	3. C	4. A	5. A	6. C	7. B	8. D
9. C	10. C	11. D	12. D	13. B	14. C	15. A	16. B
17. C	18. D	19. B	20. A	21. A	22. C	23. A	24. A
25. C	26. B	27. D	28. C	29. C	30. D	31. B	32. A
33. B	34. A	35. A	36. D	37. B	38. B	39. B	40. B
41. B	42. B	43. D	44. A	45. C	46. B	47. C	48. A
49. A	50. C	51. B	52. A	53. D	54. D	55. B	56. A
57. B	58. D	59. A	60. B	61. A	62. C	63. C	64. A
65. D	66. A	67. B	68. A	69. D	70. D	71. A	72. B
73. A	74. C	75. B	76. A	77. A	78. C	79. D	80. D
81. B	82. A	83. D	84. B	85. C	86. B	87. A	88. A
89. A	90. D	91. B	92. A	93. C	94. B	95. C	96. D
97. B	98. C	99. C	100. B	101. C	102. D	103. D	104. A
105. B	106. C	107. C	108. D	109. B	110. A	111. A	112. B
113. C	114. A	115. C	116. A	117. A	118. B	119. B	120. B
121. C	122. B	123. A	124. A	125. A	126. B	127. A	128. C
129. B	130. B	131. C	132. B	133. B	134. D	135. C	136. C
137. C	138. A	139. A	140. C	141. D	142. C	143. B	144. D
145. C	146. B	147. B	148. B	149. C	150. D	151. A	152. C
153. C	154. B	155. D	156. C	157. C	158. B	159. D	160. C

二、判断题

161. √	162. √	163. √	164. ×	165. ×	166. √	167. √	168. ×
169. √	170. ×	171. ×	172. ×	173. ×	174. √	175. √	176. √
177. √	178. ×	179. ×	180. ×	181. ×	182. √	183. ×	184. ×
185. √	186. √	187. √	188. ×	189. ×	190. √	191. ×	192. √
193. √	194. ×	195. ×	196. ×	197. √	198. √	199. √	200. √